지은이 이보라

10년 넘게 국회의원 보좌관으로 일하며 입법·정책
실무를 담당했다. '2050 탄소중립법' '웹하드 카르텔
방지 5법' 「청년기본법」 등을 만드는 데 힘을 보탰고,
국회 직원연구모임인 '국회여성정책연구모임' 대표를
지냈다. 현재는 경찰대학교 치안대학원 수사학과에서
박사 과정을 밟으며 경찰청 사이버성폭력 수사자문단
위원으로 활동하고 있다. 사람들의 이야기를 듣고 공감하고
해결하려고 행동할 때 가장 큰 기쁨과 보람을 느끼는데,
좋아하는 일을 직업으로 삼게 되어 성덕이라고 생각한다.
사람들의 고통보다 항상 늦게 도착하는 법이 조금의
쓸모라도 더 가질 수 있도록 꾸준히 고민하고 있다.

법 짓는 마음

법 짓는 마음

당신을 지킬
권리의 언어를
만듭니다

이보라 지음

김영란

(전 대법관,『판결과 정의』저자)

함께 일하는 국회의원이 만들어 준 '국회귀신'이라는 명패를 내걸고 일하는 보좌관. 그런 사람을 떠올려 보는 것만으로도 재미있지만, 정말 '귀신'이 아닐까 의심스러울 정도로 많은 일을 해 온 그가 직접 관여해 만든 법의 시작과 끝을 들여다보니 더 재미있다. 현장에 뛰어들어 일하는 사람의 목소리인 만큼 다른 책에서는 볼 수 없는 단어와 표현이 가득하다. '정치권은 장애인 등 사회적 약자에게 의지 없는 미래형 대답만 늘어놓았을 뿐 현재완료형으로는 제대로 답한 적이 없다'라거나 모든 범죄 중 성폭력이 가장 많이 발생하는 것이 아니라 유독 성폭력 사건이 벌어졌을 때 피해자가 기댈 언덕이 없다고 하면서 젠더폭력은 '젠더 렌즈'가 있어야 보인다고 지적하는 부분 같은 것이다.

국회에서 질의하는 사람이었던 적은 없지만 대답하는

사람이었던 적은 여러 차례 있다. 언제 어떤 질문이 날아올지 모르므로 내내 긴장되었어도 국회의원들이 던지는 질의를 듣고 그에 응답하는 과정은 경험만으로도 많은 공부가 되었다. 잘 정리한 발표 자료로 사안의 핵심을 콕 짚어 주고 다양한 관련 자료를 미리 준비해 보여 주며 원하는 답을 이끌어 내는 의원에게는 박수를 쳐 주고 싶을 때도 많았다. 그 솜씨에 감탄하면서도 뒤에 숨어서 보좌하는 저자와 같은 입법노동자의 노고를 미처 알아채지는 못했다. 책을 읽으면서 보좌관이 단순히 뒤에서 보좌하기만 하는 사람이 아니라는 걸 새삼 알게 되었다. 국회의원에 앞서서 현장을 찾아가고, 현장의 '날 것'을 '매끈한 말'로 바꾸어 업무에 반영하고, 이 매끈한 말을 행정을 집행하는 공무원의 언어로 다시 한 번 바꾸어 그들을 설득하는 사람들이다.

저자는 공감만 하고 해결하지 못하는 정치가 더 나쁘다고 지적하면서 '대안 없는 공감'이 가장 경계해야 할 태도라 하는가 하면, '지당하신 말씀'이 아닌 '보고 듣고 만지는 민주주의'를 위해 노력해야 한다고 주장한다. 또 이런 일을 해 나가려면 능력을 과시할 게 아니라 이해를 확장해야 한다고 말한다. 누구든 공감하지 않을 수 없는 저자의 지적은 단지 국회에서뿐 아니라 우리 사회 전반에 다 적용되어야 할 것들이다. 나아가 이 지적에 대한 현재완료형 답이 무엇인지도 다 함께 고민해야 할 것이다.

이슬아

(작가, 헤엄 출판사 대표)

읽는 동안 냉온욕 하는 것마냥 가슴이 차가워지고 뜨거워지기를 반복했다. 냉기가 돌 정도로 빠르고 정확한 실무자의 실행 능력과 별수 없이 따뜻하고 물렁한 시민의 마음이 번갈아 읽혔다. 그런 사람이 만든 법들은 그 이름만으로도 내 마음을 흔든다. 인생의 아주 취약한 부분을 다루기 때문일 것이다. 가진 자를 더 가지게 하는 이야기 말고, 그늘진 구석과 벼랑 끝에 선 자의 이야기를 위한 책이다. 이곳저곳에서 외면당한 사연들이 지푸라기 같은 희망을 붙들고 찾아오는 국회에서 이보라 보좌관은 일한다. 국회는 말의 전쟁터다. 결코 말로 다 할 수 없는 삶을 언어라는 그릇에 담아야 하는 곳이다. 좋든 싫든 국회의 입법노동자가 쓰는 단어 하나와 문장 한 줄에 일상이 변한다. 일상은 우리가 가진 전부이고 말이다. 나는 언제나 국회가 가장 늦게 바뀐다고 냉소하곤 했다. 그러나 "시민이 국회를 버리면 권력과 가장 가까운 자들부터 국회를 활용한다"는 그의 말에 자세를 고쳐 앉게 된다. 문제 해결이 남의 몫이라고 생각하지 않는 사람 곁에서 배우고 싶다. 국회 앞에서 냉소할 여유가 없는, 법 앞에서 결코 쿨할 수 없는 사람의 문장을 읽고 싶다. 이 작은 책에 집약된 세상사가 너무 슬프고 귀해서다.

법의 표정과 마음

법에도 표정이 있다. 「재난 및 안전관리 기본법」(재난안전법)에는 차오르는 눈물과 입 앙다문 결심이 배어 있고, 「가습기살균제 피해구제를 위한 특별법」(가습기살균제법)에는 살균제를 산 가족들의 자책을 국가책임으로 전환하겠다는 회한 섞인 단호함이 있으며, '2050 탄소중립법'에는 곧 닥쳐올 미래에 대한 아슬한 두려움이, '차별금지법'에는 허리를 곧추 세우게 하는 단정한 존엄이 있다.

판사는 판결문으로 말하고, 검찰은 공소장으로 말하며, 국회의원은 법안으로 말한다. 국회 보좌관의 업무 중에는 하루에도 수십 건씩 방으로 전달되는 법안들을 검토

해서 뜻을 같이 하는 다른 법안들과 공동 발의를 할지 말지 결정하는 일도 있다. 법안 하나를 대표발의 하려면 최소 10개 이상의 도장●을 받아야 한다는 요건 때문에 각 의원실은 '공동발의 품앗이'를 한다. 의원실이 발의하고자 하는 법을 보면 '아, 이건 지역 민원 때문에 만들어졌겠네' '이건 ○○단체의 로비가 있었나 보다' '이거는 정부가 만들어 줬겠구나'(이것을 우리는 '청부 입법'이라고 부른다) '이 법은 피해자(단체)를 여러 차례 만나 만든 법안이겠다' '이 법은 통과를 목표로 하는 게 아니라 이슈파이팅용 같네' 하는 내용이 한눈에 보인다. 법에는 희로애락·생로병사·좌충우돌·이합집산 같은 것들이 들어 있다. 법이 곧 그 의원실의 정체성이고 마음이다.

법 만드는 사람도 법의 내용과 성격에 따라 다양한 마음을 지니게 된다. 어떤 때는 새로운 사실을 밝히는 기자의 마음, 어떤 때는 범법자를 수사하는 경찰의 마음, 또 어떤 때는 억울한 사람의 편에 서는 상담사나 변호사의 마음, 어떤 때는 죽은 사람의 영혼을 위로하는 영매의 마음. 그러다 인사청문회 기간에는 집요하게 단서를 추적하는 흥신소 직원 같은 마음이 된다. 이렇게 법 만드는 입법노동자는 법과

● 국회의원의 공식 인장을 말한다. 법적 효력을 갖는 직인이 필요할 때 이 인장을 쓴다.

함께, 각각의 법에 깃든 사람과 함께 울고 웃고 지지고 볶으며 살아간다.

언론에서 국회는 국민 세금으로 특혜를 누리면서도 마냥 싸워 대는 집단 정도로 보인다. 드라마나 영화 속 국회는 온갖 권력투쟁이 난무하는 무협지이거나 서민인 주인공이 국회의원이 되기까지의 입지전인 경우가 태반이다. 이런 국회의 모습은 허상이라고까진 못해도 피상쯤은 된다. 피상만 남은 국회는 둘 중 하나다. 시민의 안줏거리가 되거나 욕지거리가 되거나. 문제는 그렇게 시민이 국회를 버리면, 권력과 가장 가까운 자들부터 국회를 활용한다는 데 있다. 욕만 하고 관여하지 않으면 국회가 가진 사람의 것이 되고, 그러면 불행하게도 국회는 가장 절실한 사람에게 가닿지 못한다. 약자들은 미안해하면서 공적인 얘기를 하고, 강자들은 아주 당당하게 사적인 얘기를 하곤 한다. 세상이 원래 자기 것인 양 요만큼도 손해 보기 싫어하는 사람이 국회를 독차지해 사용하는 동안, 가진 것이 많지 않은 사람은 '뒤에 오는 이'는 적어도 자신보다 낫기를 기대하며 애닳은 염원을 품고 국회 문턱을 넘어 오지 못한 채 서성였다. 그렇게 서성이는 동안 현안은 곪을 대로 곪아 손쓸 수 없는 지경에 이르러서야 도착하는 경우가 많았다. 그런 사안들을 속상하게 받아들이며, 국회가 어떤 때 어떤 쓸모가 될 수 있는지를 남기는 일이 지금 주어진 일을 하는 것 이상으로 중요한 의무라는 생각이 들었다. 그래서 쏠쏠한 재미는 있으나 결국 내 삶과는 상관없는 무협지 대신, 국회 입법노동자의 삶과 시민의 삶이 겹쳐질 수 있도록 일상 브이로그쯤으로 글의 장르를 바꿔 보고자 했다. 그래야 법의 당사자인 시민과 국회가 나란히 걸을 수 있지 않을까 하는 바람을 담아.

이 책은 국회에서 10년 남짓 입법노동자로 살며 법을 하나하나 만들 때마다 법의 당사자와 공무원·주민·기업인·노동자·시민단체 활동가 들과 지지고 볶으며 보낸 시간에 대한 기록이다. 어떤 법은 조문 한 줄 쓰는 일부터 기자회견·토론회·인터뷰 준비, 본회의 통과, 이후 신법에 따른 새로운 정부 정책을 만드는 데까지 전 과정을 오롯이 기획·실행했고, 어떤 법은 초안을 잡아 놓고 발의 시기를 조정하다가 그 다음 대 국회로 넘어가서 다른 의원실에서 발의하기도 했다. (만든 법을 언제 어떤 메시지로 발의하느냐는 법안 만드는 일만큼 중요하다.) 다만 이 법들을 이렇게 배열하고 보니 모두 자기 언어가 없는 사람들, 말을 빼앗기거나 아예 발언 기회조차 주어지지 않은 사람들이 그 중심에 있었다. 의도하지는 않았으나 점을 이은 궤적이 그리로 향했다. 그런 별자리 같은 '법자리'를 내가 바라고 만들고 싶은 세상의 모습이라 읽는다.

"사람이 그 자체로 존중받아야 한다"라는 명제는 너무 옳은 나머지 오히려 거짓에 가깝다. 사람은 자연自然이 아니기에 저절로 이뤄질 수 없다. 스스로 사람일 수 없다. 존엄하게 대해야 존엄해지고 사람으로 대해야 사람이 된다. 존엄하게, 사람을 사람으로 대하는 방법은 무엇인가. 공동체에서 성원권을 인정하고 그 인정이 모두에게 고르게 배분되도록 하는 일, 그 과정과 결과에서 누구도 뒤처지지 않도록 하는 일이다. 그리하여 취약할 수밖에 없는 개인은 '위로와 연대라는 시간과 과정'을 드러내는 문장을 통해 비로소 존엄한 사람이 되어 간다. 그런 때 법은 자원을 배분하는 사회의 약속이자 누구도 나락으로 떨어지지 않도록 돕는 그물망 역할을 한다.

각각의 법을 만드는 과정과 함께 법이 통과된 이후의 세계도 담았다. 법 하나 통과되면 천지개벽할 것 같았지만 결국 눈 하나 꿈쩍 않는 세상에 대한 설움과, 제대로 된 것이 아무것도 없는 것 같았지만 되돌아보니 그래도 1센티미터씩은 나아가고 있는 세상에 대한 낙관도 함께 담았다. 한 걸음에 일희와 한 걸음에 일비를 담아, 걷고 걷는 것밖에는 다른 방법이 없다는 것만이 유일한 진실일 것이다. 바라건대 국회와 시민이 함께 서럽고 함께 낙관하길. 만들고 싶은 세상을 향해 나란히 걸으면서.

1부   한 땀 한 땀에 담은 마음

2부 한 발 한 발 다가서는 마음

3부 사람을 생각하며 일하는 마음

1부

**한 땀 한 땀에
담은 마음**

(⌒⌒⌒⌒⌒)

온라인 세계의 사회적 살인, 디지털 성폭력 범죄 현장을 적발하다

고속도로 휴게소나 버스터미널의 낡은 여성 공중화장실에는 어김없이 칸의 작은 틈새마다 휴지조각이 꽂혀 있다. 그 용도는?

이 질문을 주변 친구나 동료에게 던져 보자. 성별에 따라 얼마나 다른 세계를 경험하고 있는지 확실히 알게 될 거다. 여성들은 안다. 그것이 어딘가 불법 카메라가 숨겨져 있을 것을 대비한 불안의 흔적임을.

나 역시 공중화장실은 웬만하면 가지 않으려 하고 가야 하는 경우에는 사방에 '카메라 구멍'이 있는지 찾기 바쁘다. 화장실에 들어가면 아예 얼굴을 머플러 같은 것으로 가리는 지인도 있다. 찍히는 것을 막을 도리가 없으니 얼굴이라도 식별 못하게 하려는 체념 섞인 대처다.

우리나라가 치안 좋은 국가임을 자부한다지만(요즘 일어나는 사건들을 보면 이 자부심도 무너졌다) 여성은 화장실도 마음대로 못 가는 나라다. 이렇게 된 이유가 있다. 자동차 스마트키·보조 배터리·볼펜·안경·시계 같은 생활용품으로 둔갑한 초소형 카메라들이 공중화장실·숙박업소·탈의실 같은 곳에 숨겨져 여성의 신체를 촬영했고 그 불법 촬영물은 온라인상에 유포되어 사업자와 헤비 업로더의 수익이 되었다. 범죄자는 불법 유통과 거래의 플랫폼으로 웹하드를 이용했다. 웹하드 사이트에 들어가 보면 '한국인 여성 노 모자이크'('국산 노모'라고 줄인다) '강간' '화장실'이라는 말머리가 달린 불법 촬영물이 쏟아져 나온다.

한 피해 여성은 자신의 신체가 찍힌 영상이 웹하드에 업로드 된 사실을 알게 되어 '디지털 장의사'●를 통해 영상을 삭제해 보려 했지만 아무 소용이 없었다고 증언했다. 여성의 동의 없이 영상을 찍고 유포하고 판매하는 구조, 즉 웹하드 업체→필터링 업체→디지털 장의사로 이어지는 거대한 성폭력 산업 구조가 단단하게 자리잡은 것이다. 웹하드

● 당사자가 비용을 내면 온라인에 배포된 자료를 삭제해 주는 대행업체.

업체 소유주가 병 주고 약 주고, 약값도 받아 챙기더니 그마저도 가짜 약이었던 현실. 피해 여성은 어쩔 수 없이 성형 시술까지 감행했고, 그럼에도 평생 지울 수 없을 것 같은 낙인에 자포자기해서 가해자가 누군지도 모르는 채 생을 마감했다. 그게 끝이 아니었다. 사후에도 그의 영상은 사라지지 않고 오히려 '유작'이란 말머리가 붙은 채 다시 업로드됐다. 다운로드 비용 100원으로.

2017년부터 이어진 피해 여성들의 제보가 사회적으로 확산되어 "웹하드 카르텔과 디지털 성범죄 산업에 대해 특별수사를 요구한다"라는 내용의 청와대 청원으로 이어졌다. 유관기관인 경찰청장과 여성가족부 장관이 나서서 문제를 해결하겠다고 했다. 그러나 당장 내가 웹하드 사이트에 들어가 보아도 여전히 '국산 노모'라는 말머리가 붙은 파일이 유통되고 있었다. 경찰이 이 수사를 적극적으로 하지 않는다는 의심이 들었다. 피해 여성이 경찰에 신고해도 경찰은 "온라인에서 발생하는 범죄 행위는 검거하기 힘들다"라며 방관한다는 증언도 줄을 이었다.

당시 내가 일하던 국회의원실은 행정안전위원회로, 디지털 성범죄 수사의 주체인 경찰청을 감시·감독하는 상임위원회 소속이었다. 2018년 여름 국정 감사를 앞두고 우리방 보좌진과 진행한 기획회의에서 그해 경찰청 국정 감사의 주제를 '사이버 성폭력 생태계 및 수사 실태 점검'으로 잡은 것은 지극히 자연스러웠다. 성 착취로 사회적 살인을 저질러 놓고 그것으로 돈 버는 인간들을 미치도록 잡고 싶었다.

그때부터 우리 의원실은 마음먹고 유관기관인 경찰청·대검찰청·여성가족부·방송통신심의위원회(방심위)·방송통신위원회(방통위)에 '디지털 성폭력 사건의 피해·수사·검거 현황' 같은 자료를 요구하기 시작했다. 정부에서는 요구 자료를 한 번에 주지도 않거니와 재차 요구를 했음에도 부실한 답변이 온 탓에 곧장 서울 목동에 있는 방심위 사무실로 갔다. 국회 보좌진이 사무실로 직접 방문하는 일은 거의 없는 터라 직원들은 허둥지둥 당혹스러움을 감추지 못했다. 우리는 자료를 요구하는 취지를 자세히 설명하고 방심위에서 신고 받아 관리하고 있는 불법 영상물과 이를 삭제하는 과정을 직접 시연해 달라 요청했다. 담당 직원이 폴더를 열자, 말로만 듣던 공중화장실·숙박업소 등에서 찍은 불법 촬영물이 주르륵 나왔다. 그때 내 눈으로 본 영상이 아직도 잊히지 않는다. 토할 듯 속이 울렁거렸다. 기관에서 삭제를 담당하는 직원은 외상 후 스트레스 장애로 정기 진료를 받는다고 한다.

불법 영상물로 추정되는 영상은 방심위에서 '삭제 데이터베이스 목록'으로 관리되고 있었는데, 이미 웹하드 업체에 삭제 요구한 영상 20건이 217건으로 복제돼 25개 웹하드 사이트에서 유통되고 있었다. 내가 제대로 삭제되고 있는지 점검한다고 하니까 "웹하드 업체의 불법 데이터베이스가 잘 관리되고 있으니 직접 점검해 봐도 99퍼센트는 삭제돼 있을 거다. 안심해도 된다"라고 답했던 그들이다. 그런데 눈으로 확인하고 나니 방심위가 뭐라고 한들 기관의 행정명령이 전혀 먹히지 않았고, 방심위 또한 발동한 행정명령이 관철됐는지 제대로 확인하지 않았다는 사실이 여실히 드러났다. 설상가상으로 25개 웹하드 업체 가운데는 경찰이 그즈음 압수수색한 곳도 5군데나 포함된 것을 확인했을 때에는 적잖이 충격받았다. 경찰 수사에 허점이 있거나, 웹하드 업체가 기술적인 우회로 경찰 수사망을 교묘히 피해 갔거나 둘 중 하나였다. 어느 쪽이든 '99퍼센트 안심'은커녕 정부 행정력에 99퍼센트 구멍이 있음을 확실하게 해 줄 뿐이다. 엉망이어도 이렇게 엉망일수가. 황당을 넘어 참담했다.

먼저 경찰 수사에서 허점이 있는지 확인하려고 경찰

청 사이버 성폭력 수사 담당자에게 수사 기법 매뉴얼 제출을 요구했다. 경찰의 수사 매뉴얼은 원칙적으로 국회에 제출할 수 없는 비공개 자료다. 유통되면 역으로 범죄 수법으로 활용될 위험이 있기 때문이다. 어쩔 수 없이 열람 방식을 택해야 했다. '열람'은 경찰이 인편으로 보낸 자료를 담당 공무원 동석 하에 검토하고 다시 인편으로 돌려보내는 것을 의미한다. 정부 측에서 자료를 제출할 수 없다고 하는 경우, 국회 보좌진이 차선책으로 쓰는 방법이다.

수사 매뉴얼을 가지고 나온 경찰 공무원과 테이블 양쪽에 마주 앉았다. 이런 때에 담당 공무원과 나 사이에는 미묘한 긴장감이 흐른다. 자료를 검토하는 나를 지켜보는 업무를 맡은 그는 내가 자료를 어떻게 하지는 않을까(들고 튀지는 않을까) 감시하는 본인의 처지를 머쓱해하면서, 그 앞에 앉은 나는 그 시선을 견디며 함께 시간을 보낸다. 자료 하나 때문에 서로가 서로에게 인질이 된 셈. 그는 그의 역할을, 나는 나의 역할을 한다. 서너 시간을 속독하고 나니, 수사 매뉴얼에는 문제가 없어 보였다. 그렇다면 수사 방법에 문제가 있을 확률이 높다는 것인데. 마침 그때 '사이버성폭력대응센터' 대표에게 전화가 왔다.

"보좌관님, 필터링 회사 대표 출신 IT 전문가가 한 분

계시는데, 그분을 만나면 업계의 불법적인 관행에 대해 자세한 이야기를 들을 수도 있을 것 같아요."

경찰의 감시를 피하려는 IT 업계의 수법을 알아야 일이 진전될 텐데, 워낙 모르는 업계 내부의 일이라 제대로 알려 줄 전문가를 찾고 있던 차였다. 가슴이 뛰었다. 전달받은 번호로 얼른 전화를 걸었다.

"안녕하세요. K 대표님이시죠? 필터링 기술을 초창기부터 개발해 온 전문가라 들었습니다. 필터링 업체가 웹하드 업체와 사실상 실소유주가 같아서 업계에서 법을 회피할 수 있는 기술을 쓴다던데 그게 사실인지, 사실이라면 어떻게 그게 가능한지를 뵙고 여쭙고 싶어요."

잠깐 침묵이 흐르더니 이내 답이 들려왔다.

"제가 초기에 필터링 회사를 만든 사람은 맞는데요, 지금은 다른 사업을 하고 있어서 도움을 드릴 수 있을지 모르겠습니다."

철렁. 완곡한 거절이었다. 이를 어쩌지.

업계의 문제를 파헤치면서 업계 종사자의 얘기를 듣지 못하면 한 발짝도 더 나아갈 수 없을 것 같았다. 더욱 간곡하게 부탁해 보는 수밖에. 꽤 긴 간청과 설득 끝에 결국 그를 만났다. 처음 만나는 날, 그가 정말 나올지, 중간에 마음이 바뀌지는 않을지, 떨리는 마음으로 내내 들어오는 입구만 쳐다보고 있었다. 저 멀리서 큰 키에 40대 후반쯤 되어 보이는 사람이 이편으로 걸어오는 것을 보았을 때 일단 '시작은 되었구나' 싶었다. 큰 테이블에 마주앉았다. 그도 나도 긴장된 공기에 휩싸여 있었다. 상대는 내부고발자의 위치이기는 하나 현재는 다른 사업을 하고 있다. 그러니 자문은 감사하지만 혹시라도 그 '내부고발'이 다른 이해관계에 따른 것인지 아닌지를 판별해야 했다. 머릿속에선 수십 가지 시나리오가 돌아갔지만 일단 단도직입으로 의원실이 웹하드 카르텔 문제를 밝혀내고자 하는 취지와 의도를 설명했다. K 대표는 한참을 듣고 있다가 결심했다는 듯 업계의 관행에서부터 탈법·편법·불법 행위에 이르기까지 가감없이 얘기해 주었다. 이후에 친분이 생기고 그때 왜 내 요청을 수락했는지 물었더니 "우리는 행안위 소속이기 때문에 문제를 제기하는 것을 넘어 경찰 수사 방식을 바꿀 수 있도록 해야 하고 이를 위해 업계를 아는 사람의 자문이 절실하다"라는 내 얘기가 마음을 움직였다고 했다. K 대표는 웹하드 필터링 시스템을 만든 사람으로서, 웹하드 업체에서 마음만 먹으면 웬만한 불법 촬영물을 걸러낼 수 있는데도 다분히 의도적으로 방치하는 행태에 분노하고 있었다. 그러면서 알려 준 사실 한 가지.

"경찰이 웹하드 업체와 필터링 업체의 유착을 못 잡는 이유는 업체가 이미 경찰의 모니터링도 우회하는 수법을 가지고 있기 때문입니다."

역시 예상했던 게 맞구나. 범인을 잡지 못한 이유로 예측했던 두 가지 가운데 수사 방식이 원인일 확률이 높다는 얘기다. 듣자 하니 경찰이 웹하드를 실시간 모니터링하는 경우에는 증거를 확보하려고 표준시 프로그램•을 함께 띄워 놓고 작업하는 경우가 대부분인데, 그 사실을 이미 알고 있는 웹하드 업체는 표준시 프로그램 작동이 감지되는 순간 불법 영상이 줄줄이 뜨는 원래 화면이 아닌 '깨끗한(불법이 없는) 화면'을 보여 주는 수법을 쓴다는 것이다. 즉 업자들은 유저가 누구냐에 따라 불법과 합법 페이지를 바꾸어 가며 보여 준 것이다. 뛰는 경찰 위에 나는 범죄자들.

그렇다면 우리는 경찰이 하지 못한 일, 범죄 현장을 직접 포착하거나 증거를 수집해 경찰을 움직이는 일을 해야 했다. 국회에서 증거 없이 '썰'만 가지고는 공무원, 특히 강고한 경찰 공무원을 움직일 수 없다. K 대표의 조언대로, 사이버성폭력대응센터 활동가들과 함께 컴퓨터 여러 대 앞에 앉아서 표준시 프로그램을 띄웠다 닫았다 하며 웹하드

• 인터넷을 통해 컴퓨터의 시각을 대한민국 표준시에 일치시키는 프로그램.

사이트의 불법 촬영물을 검색했다. 혹시 특정 IP가 포착될까 봐 PC도 여러 대 동원하고, 아이디 노출을 우려해 각자의 지인들에게 부탁해 만든 여러 개의 아이디로 접속을 시도했다. 나도 웹하드를 오랫동안 이용했던 후배들의 아이디 몇 개를 빌려 입력해 봤다. 동시에 컴퓨터 화면 뒤로 카메라를 세워 이 모든 과정을 촬영했다. 혹시라도 화면이 '이중 페이지'로 바뀌는 현장이 카메라에 담기면 그 자체가 강력한 수사 증거물이 될 수 있기 때문이다. 사흘 밤을 새우며 이 일을 반복했고, 나흘째 되는 날 아침에 사이버성폭력대응센터 대표로부터 전화가 왔다.

"지금 이중 페이지 수법이 카메라에 포착된 것 같아요!"

하던 일 멈추고 바로 카메라와 노트북만 챙겨 사무실을 나섰다. 택시 잡아 타고 가는 길에 자문해 줄 K 대표에게도 연락했다. 이 과정을 함께한 모든 이들이 부랴부랴 사이버성폭력대응센터 사무실에 모였다. 그리고 눈앞에서, 아이디에 따라 송출페이지가 합법 또는 불법으로 바뀌는, 바로 그 '이중 페이지로 넘어가는 장면'을 목격했다.

이 장면이 고스란히 카메라에 담겼고, 영상을 방송사 기자에게 제보했다. 그리고 그 보도는 2018년 10월 국회 경찰청 첫 국정 감사장에서 상영됐다.

경찰청 국정감사장에서 우리 의원이 먼저 발언했다.

"저희가 업계에 오래 있었던 관계자의 제보를 받았습니다. 웹하드 업체가 경찰의 수사를 인지하면 이중페이지를 보여 주는 것입니다. 이 수법을 함께 보시지요."

국정 감사를 피감기관에 가서 하는 경우에는 국정 감사에서 나오는 모든 질의·응답 내용이 관내 스피커를 통해 산회할 때까지 실시간으로 송출된다. 범죄 수법이 적나라하게 담긴 영상과 음성이, 더군다나 뉴스 보도 영상을 통해 나가니 경찰청 국정 감사장이 일순간 얼어붙었다. 옆자리 의원들은 "어? 저게 뭐야? 뭐지?"라고 귓속말을 주고받고 경찰청장 뒤에 앉은 경찰들은 보도 내용을 받아 적느라 분주해 보였다.

그전까지 불법 촬영물 유통을 우려하는 국민과 국회에 '안심해도 된다'라고 해 왔던 경찰이었는데, 안심은 무슨. 경찰의 수사 기법이 노출돼 범죄자가 국가 기관을 조롱하는 것이 고스란히 뉴스 영상에 담겼다. 피해 여성이 왜 국가 기관을 믿지 못하고 디지털 장의사를 찾아갈 수밖에 없었는지도 백 번 천 번 이해됐다. 그 순간 국가는 범죄자에겐 무용했고, 피해자에겐 부재했다.

국정 감사 첫 질의가 끝나자마자 우리 의원실로 기자들의 자료 요청이 빗발치기 시작했다. 이런 자료 요청은 그만큼 보도에 담긴 증거 내용이 추가 보도의 가치가 있다는 의미다. 기자들 전화 받느라 점심도 걸렀다. 질의는 오후까지 이어졌다. 오전 질의의 핵심이 '이중 페이지'라는 범죄 수법을 보여 준 것이었다면, 오후 질의는 그런 범죄를 차단하려면 수사 방식을 어떻게 바꿔야 하는지가 중심이 됐다. 문제 제기에 그치지 않는 대안을 만들어야 했다. 그래야 경찰력이 지체 없이 작동될 테니까. 디지털 성폭력은 무조건 속도 싸움이기 때문에 범죄자들의 증거 인멸에 대응하려고 신속하고도 정확하게 시정 지시를 하는 데 초점을 맞췄다. 이 질의를 하려고 우리 보좌진이 그토록 오랜 시간 수사 매뉴얼과 수사 기법을 공부한 것이다. 공부는 했지만 내가 경찰은 아니니 우리의 질문이 잘 벼려진 칼인지 무딘 칼인지는 답변을 들어 봐야 알 수 있을 터, 경찰청장의 반응을 우리는 떨리는 마음으로 지켜봤다. 의원이 2차 질의를 시작했다.

"지금까지의 경찰수사는 전방위적인 저인망식 수사, 불법 게시물을 건당 확인하는 사후 조치 중심의 수사였습니다. 수사해야 할 자료가 많은데 증거 질은 많이 떨어졌습니

다. 이를 보강하고자 ① 해시(파일의 고유 코드) 필터링● ②
범죄 혐의 입증된 업체●● 구속 ③ 데이터센터(IDC) 압수수
색. 세 가지 조치가 즉시 필요합니다."

경찰청장이 답했다.

"위원님께서 아주 전문적인 제안을 해 주셨는데 저희
도 본격적으로 수사를 하면서 수사 기법이나 노하우가 막
공유되기 시작했고, 하나하나 고도의 수사를 해 나가는 단
계입니다. 위원님께서 말씀하신 이런 기술적인 부분들도
이제는 저희가 전 수사관들과 공유해서 보다 효과적이고
신속하게 불법 음란물 카르텔과 플랫폼 등을 발본색원하는
수사를 해 나가겠습니다."

그날 밤, 경찰청장은 국정 감사장에서 한 약속대로 우
리의 자문위원인 K 대표를 불러 우리가 들은 자문 내용을
그대로 청취했고, 바로 다음 주 우리 국정 감사 질의서를 토
대로 전국 사이버수사관 워크숍을 진행했다. 그리고 얼마
지나지 않아 경찰은 웹하드 업체는 물론 인터넷 데이터센
터를 압수 수색해서 범인들을 검거했다.

국정 감사가 끝나자마자 범죄자가 국가 공권력을 조
롱하는 사태를 막고자 처벌 강화와 피해자 보호 조치를 담

● 해시함수를 이용한 콘텐츠의 고유값을 추출하여 데이터베이스화
하고, 온라인 서비스 제공자에 해당되는 콘텐츠를 인식하고 차단하
는 필터링 기술이다.
●● 국정 감사장에서 업체명을 나열하지는 않았지만 우리가 발견한
불법 혐의 업체 리스트를 작성해서 경찰청에 따로 보냈다.

은 '웹하드 카르텔 방지 5법'을 만들었다. 또한 범죄자들의 범죄 수익을 조속히 환수할 수 있는 「마약류 불법 거래 방지에 관한 특례법」을 만들었고, 이 법이 본회의에서 통과돼 시행된 바로 당일, 법원에서 범죄자들의 범죄 수익 21억 원을 환수했다. 법 개정이 없었다면 고스란히 범죄자들 호주머니로 들어갈 뻔한 돈이다. 우리 모두의 노력이 강고한 경찰 조직을 움직이고, 범인 검거뿐 아니라 범죄 수익 환수까지 이루었다. 국회 차원에서 동원할 수 있는 권한을 모조리 다 갖다 쓴 기분이었다. 가치나 관점만 가지고 질의하지 않고 집행자(경찰)의 언어(수사기법과 수사매뉴얼)를 배우고 익혀서 그 언어로 질의서를 만든 것도 주효했다. 추상적이고 커다란 질의는 겉으로는 그럴듯해 보이지만 사실 피감기관(정부)이 가장 쉽게 답해 버릴 수 있는 질문이라는 것을 경험으로 안다. 질문이 뭉툭하면 답변도 '예, 알겠습니다' '검토하겠습니다' 정도로 두루뭉술하게 넘어가면 된다. 깍듯한 예의까지 갖춰 답변하면 그 순간은 마치 '완벽한 질의응답'처럼 보이지만 그런 답변은 사실상 아무것도 하지 않겠다는 얘기다. 그런 의미에서 국회의원의 질의는 칼이다. 칼을 공들여 잘 벼렸고, 잘 벴고, 나머지 흔적들을 잘 꿰맸다.

국회가 국회의 언어에 갇혀 있지 않고, 피해자의 언어를 적극적으로 받아들인 뒤 집행자의 언어로 질의하니, 경찰이 단박에 피해자 입장에서 움직이는 것을 봤다. 이것이 시민을 대리하고 정부를 견인하는 국회의 역할이지 않은가.

웹하드 카르텔의 불법 구조를 세상에 처음 알린 것은 다른 누구도 아닌 디지털 성폭력 피해 당사자들이었다. 본인의 촬영물이 웹하드에 버젓이 돌아다니는 것을 목격하고 업체에 지워 달라고 요구해도 그때뿐, 또다시 유포돼 '사회적 살인'을 당하는 이 참담하고 기가 막힌 현실이 여성들로 하여금 목소리를 내게 했다. 나 역시 불법 카메라의 공포에 떤 사람이었기에, 그들의 목소리는 곧 내 것이었다. 그리고 국회는 그들의 목소리를 대리해야 할 책임을 졌다.

여전히 우리는 성폭력 산업 구조 속에서 안전을 위협받으며 살고 있다. 이 범죄는 점점 더 교묘해져 뿌리까지 뽑으려면 아주 오랜 시간이 필요할지도 모른다. 그러나 그럴수록 국회는 디지털 성폭력 피해자의 대리인이 될 것이다. 그들이 위임한 권한이 그들에게 더욱 강력한 지지와 쓸모로 가닿게 할 것이다.

⌣ ⌣ ⌣ ⌣ ⌣ ⌣ ⌣ ⌣ ⌣ ⌣ ⌣ ⌣ ⌣

잘못된 과거사,
오용된 권력의 피해자를
법으로 구제하기 위하여

가만히 있어도 푹푹 찌는 더운 여름날, 국회가 아닌 지역 사무실에서 근무하고 있다가 사무실로 걸려온 전화 한 통을 받았다.

"안녕하세요. 경기도 지역의 시의원인데요, 제가 선감학원 피해자 진상 규명 활동을 하고 있는데 의원님께서 관심 가져 주셨으면 해서요. 혹시 선감학원 피해 당사자 분들이 의원님과 면담을 할 수 있을까요?"

선감학원이라…… 얼핏 들어 본 것은 같은데 어딘지 잘 생각나질 않았다. 더구나 피해자를 직접 모시고 온다 하니 부담감이 엄습했다. 국회에서 일한 시간이 흘러 연차가 쌓여도 피해자를 직접 만나는 일은 여전히 어렵다. 이곳 국회는 피해자의 최종 종착지인 경우가 많다. 국회까지 전달되는 피해자의 말은 이미 수많은 곳을 거쳐 오며 문턱마다 좌절됐을 것이다. 그러니 국회는 피해자와 대면하는 순간 죽이든 밥이든 대안과 해법을 내야 할 책임을 부여받는다. 피해자를 만나기 전에 하는 루틴대로 일단 나는 숨부터 고른다. 호흡 바꾸기. 그런 루틴이 생긴 이유가 있다.

평소 의원실 내 대화법은 이렇다. 나는 의원에게 "의원님, 상황은 이렇지만 일단 결론만 말씀드리면 이렇습니다" 하고 이야기하고, 같은 방 후배 보좌진은 나에게 "기관에서 자료가 왔는데, 요는 이러저러해서 이렇습니다" 하고 말한다. 기승전결의 '결'만 있는 대화다. 잠깐 책상을 떠나면 부재중 전화가 두세 통 와 있고, 미팅 한 번 하고 나면 휴대전화 메시지가 100개 이상 와 있다. 말 한 마디를 끝내기도 전에 꼭 다른 일이 치고 들어오고, 메시지를 보낼 때도 누가 말을 걸거나 전화가 와서 전송 버튼도 못 누르고 다음 일을 하는 경우가 다반사다. 그러니 매일 숨 넘어갈 것같이 후다닥 용건만 간단히 얘기한다.

그런데 피해 당사자가 국회에 오려면 일단 KTX나 시외버스를 타고 서울역이나 터미널에 도착해서 대중교통으로 갈아타고, 여의도 국회 앞까지 와야 한다. 도착하면 국회 내 의원회관● 로비에 줄을 서서 출입증명서를 쓴다. 그런 뒤 신분증을 내고 방문증을 수령해서, 엑스레이로 소지품을 체크하고, 해당 의원실의 호수를 확인하며 요새처럼 복잡한 의원회관을 돌고 돌아야 한다. 그래서 의원실 방문자는 대부분 한여름엔 땀범벅이 되어, 한겨울엔 산 만한 패딩을 벗어들고 헐레벌떡 들어오곤 한다. 이런 만남은 보좌진에게는 하루에 대여섯 번 있는 회의 중 하나일 뿐이지만 피해 당사자에게는 몇 주 전부터 예정된 '국회 가는 날'이었을 것이다. 이렇게 하루를 꼬박 비운 일정에 일말의 기대까지 동반한 모습으로 우리 방까지 온 사람에게 '결'만 들을 수는 없지 않나. 호흡 바꾸는 일은 내가 피해자에게 할 수 있는 최소한의 예우다.

그렇게 가쁜 숨을 고르고 앉아 있자니 사무실에 선감학원 피해자 세 분과 선감학원 인권침해 문제를 조사했던 국가인권위원회 사무관, 경기도의원 이렇게 다섯 분이 오셨다. 피해 당사자들은 모두 60대 중반쯤 돼 보였고, 약간 경직된 채 연신 땀을 닦으셨다. 말씀은 피해자 단체 대표인 김영배 선생님이 주로 하셨다.

"제가 여덟 살 때 경찰에 잡혀갔고 선감학원에 수용돼

● 국회 의원회관 구조는 크게 ㄷ자 모양이어서 한번 헤매면 다시 한 바퀴를 돌아가야 하는 구조인 데다, 각 방의 면적이 정확하게 300분의 1로 배당돼 있어서 거기가 거기같이 생겼다. 처음 오는 사람들은 반드시 헤매게 되어 있다.

서 매일 맞았어요. 수용된 원생들끼리 일대일로 따귀 때리는 처벌도 받았고, 그렇게 맞아서 터진 얼굴로 수용소 내 병원을 가면 의사도 아닌 수의사가 치료해 줬어요. 지옥 같은 수용소를 탈출하려고 선감도(지금의 대부도) 앞바다를 헤엄쳐 가는 아이도 많았어요. 그렇게 탈출한 아이는 대부분 시체로 발견됐고요. 소라와 낙지가 죽은 애들 몸에 붙어 눈구멍부터 파먹은 걸 본 거지요. 그런데 국가인권위원회가 우리 피해자들 진상규명을 하는 법을 제정하라고 국회에 의견도 냈는데 국회가 아무것도 안 하고 있어요. 우리가 그 어린 나이에 경찰에 잡혀가서 왜 그렇게까지 가혹하게 당했는지 그 이유는 알고 죽어야 하지 않겠습니까."

예순이 넘은 김영배 선생님은 수십 년도 더 된 이 이야기를 마치 어제 일처럼 말씀하시며, 그때 그날의 소년처럼 우셨다. 나는 어르신의 아이 같은 울음에 우리가 이 일에 뛰어들 수밖에 없을 것을 직감했고, 해결이 쉽지 않으리라는 예감에 덜컥 겁이 났다. 공감은 당위고 해결은 의무다. 둘 다 마땅히 해야 할 일이라지만 공감은 내 문제고, 해결은 국가 기관을 움직여야 하는 문제다. 공감만 하고 해결하지 못하는 정치가 더 나쁘다. 오히려 희망 고문을 하지 않음으로써 피해자에게 다른 가능성을 찾아보게 하는 쪽이 외려 정의에 가깝지 않을까 하는 생각이 들 정도다. 섣부른 공감은 국회가 마치 할 일 다 한 듯 면피를 하면서, 그렇지 않아도 힘든 피해자의 시간과 감정을 소모할 수 있다. 대안 없는 공감이야말로 피해자를 만날 때 가장 경계해야 할 태도라고 생각해 왔던 터라 마음이 무거웠다. 그런 생각으로 밤새 뒤척이다 새벽에 눈이 일찍 떠져서 출근한 그날로 곧장 선감학원 자료를 뒤지기 시작했다.

찾아보니 선감학원은 경기도 안산시 단원구 선감동의 섬인 선감도에 있던 소년 수용소였다. 1941년 조선총독부 지시로 세워져 1942년 4월 처음 소년 200명이 수용됐고, 1945년 2월 경기도로 이관된 뒤 1982년까지 40년 동안 운영됐다. 설립 목적은 '부랑아의 단속과 수용'이었지만 경찰 단속 실적을 위해 가족이 있어도 무차별로 연행·감금했다는 증언이 쏟아졌다.

증언이 있으니 이제 정부 공문서를 찾아 증언을 입증해야 했다. 오랫동안 선감학원을 조사한 시민 사회단체 활동가들께 자문을 구하니, 선감학원 아이들의 입원·퇴원 기록이 담긴 '원아 대장'이 경기도청 문서 보관소에 있다고 했다. 당시 선감학원에 누가 있었는지 확인할 수 있는 유일한 공식 문서였다. 그러나 그 활동가는 그 문서를 받기가 쉽지 않을 거라고 덧붙였다.

　다음 날 바로 해당 기관에 자료 요구를 하고 담당과 공무원에게 전화를 걸었다. 듣던 대로 자료 제출을 못하는 이유가 수십 가지는 됐다. 있긴 있으나 너무 오래된 기록이라 일일이 찾아야 한다, 바로 제출하기에는 내용이 너무 방대하다, 담당 공무원이 바뀌었다, 위에서 결재가 안 났다 등등. 그것이 일말의 진실일지라도 내 입장에서는 공무원들이 국회에 자료 제출을 미루고 거부하는 오래된 레퍼토리를 하나 둘씩 꺼내는구나 싶었다.

　그때부터 전화하는 공무원의 직급을 담당 주무관부터 팀장·과장·국장까지 오르내리면서 각 급에 맞는 방식으로 때로는 자료의 의미와 중요성에 대해 설득하고, 내용이 많은 건 알지만 그래도 수고해 주십사 읍소하고, 그것도 모자라 급기야는 언성을 높이면서 냉탕 온탕을 왔다갔다 했다.

　절친한 친구한테도 그렇게 전화를 안 하는데 거의 매일같이 자료 체크하는 전화를 한 지 두 달쯤 흘러, 드디어 선감학원 4,691명의 기록이 담긴 원아 대장이 내 손에 들어왔다. 8,500장이 넘는 실로 방대한 기록이었다. "○월 ○일 어느 지역에서 경찰에 의해 수집 혹은 수거됨"이라는 수기

기록을 눈으로 확인했을 때는 눈앞이 아득해졌다. 낡디 낡은 문서의 스캔 본을 한 장 한 장 넘겨 보며, 원아 대장에 붙은 아이들의 증명사진을 보며, 그제야 선감학원의 풍경을 어렴풋하게나마 피해자들의 눈으로 보게 됐다.

　선감학원에서는 죽은 아이의 시신을 동료 원생이 직접 묻어야 했다고 한다. 탈출하려다 바닷물에 빠져서 물을 흠뻑 먹어 무거워진 동료의 시신을 안고 올랐을 뒷산을, 굴 양식에 동원되어 강제 노동을 하다 맨발로 굴 껍질 가득한 곳을 달려 도망치다 피투성이가 된 발로 다시 잡혀 간 바닷가를, 가까스로 탈출에 성공해 눈앞에 보이는 장례식장 안으로 들어가서 버려진 음식을 먹고 시신을 덮어 놨던 이불을 가져와 찬 이슬을 견뎠던 그 밤을, 감히 가늠해 보았다. 춥고 배고프고 무서웠을 아이들의 길고 긴 밤을.● 그 아이들의 두려움과 외로움 곁에 가만 앉았다.

　원아 대장을 받고 나니 마음이 더 바빠졌다. 피해 당사자들이 우리 방을 찾아온 목적은 진상 규명이었으니 일단 그 근거가 될 법을 만들고, 이 법이 사회적 동의를 얻을 수 있도록 사안 자체를 세상에 더 알려야 했다. 그래서 먼저 선감학원 문제를 오래 고민해 온 연구자들에게 원아 대장 분석을 의뢰하고, 그와 동시에 나는 '선감학원 피해 사건의 진

● 하금철·홍은전·강혜민·김유미 『아무도 내게 꿈을 묻지 않았다』
(오월의봄, 2019)

상 규명 및 보상 등에 관한 법률안'을 만들었다. 이 법의 의미는 두 가지였다. 하나는 피해자의 기록이 오롯이 들어간 특별법 형태의 법명을 만들어 이제껏 아무도 사과하지 않은 일에 국회가 법으로나마 사과와 위로와 피해 보상을 할 수 있는 근거를 만들고자 했다. 다른 하나는 당시 이 특별법보다 더 포괄적인 「진실·화해를 위한 과거사 정리 기본법」이 국회에서 보수정당의 반대로 공전되고 있었으므로, '선감학원 특별법'을 계기로 「진실·화해를 위한 과거사 정리 기본법」이 속도를 낼 수 있게 밀고 나가 보고자 했다. 새로이 만드는 법은 이렇게 약자들에게 보내는 위로의 마음이 담긴 메시지가 되기도 하고, 사회 이슈를 만드는 지렛대 역할을 하기도 한다. 하룻밤을 꼬박 새워 법안을 만들었다.

선감학원 피해 사건의 진상 규명 및 보상 등에 관한 법률안

주요 내용

가. 이 법은 선감학원 피해 사건의 진상을 규명하여 피해자와
   그 유족에 대한 명예 회복 및 보상을 함으로써 이들의 생활
   안정과 인권 신장을 도모함을 목적으로 함(안 제1조).

나. 선감학원 피해 사건의 진상을 규명하고 피해자 또는 그 유족에
   대한 보상금 등에 관한 사항을 심의ㆍ결정하기 위하여 국무총리
   소속으로 선감학원피해사건진상규명위원회(이하 "위원회"라
   한다)를 둠(안 제3조).

다. 피해자 및 그 유족, 이들과 친족 관계에 있는 사람, 그밖에
   선감학원 피해 사건에 관하여 특별한 사실을 알고 있는 사람은
   위원회가 구성된 날부터 1년 이내에 위원회에 진상 규명을
   신청할 수 있으며, 위원회는 진상 규명 신청이 없는 경우에도
   직권으로 조사 개시 결정을 할 수 있음(안 제8조 및 제11조).

라. 진상 규명 조사 방법으로 조사 대상자 및 참고인에 대한 진술서
   제출 및 출석 요구, 위원회의 실지 조사, 동행 명령장 발부,
   청문회 실시 등을 규정함(안 제12조부터 제14조까지).

(이하 생략)

법을 발의하는 날, 평소대로라면 법안을 국회사무처 의안과(공동발의 요건을 갖춘 법안을 접수받는 국회 담당 과이다)에 제출하고 보도자료만 배포했겠지만 이 법은 그렇게 해서는 부족할 것 같아 아예 국회에서 김영배 선생님과 선감학원 피해 당사자들을 모시고 기자회견을 했다. 모두 고운 정장을 챙겨 입고 오셨다. 의원과 선생님들은 법안의 취지와 구체적 내용이 담긴 기자 회견문을 한마디 한마디 힘주어 읽어 내려갔다. 기자 회견을 마치고 몇 분 선생님들께서 기자회견 현수막을 챙겨가도 되는지 우리에게 물어보셨다. 그 현수막까지도 고이 간직하고 싶은 것 같았다. 또 몇 분은 기자 회견장 모습을 일일이 사진으로 담았다. 기자회견문과 회견장을 세팅하느라 정신이 하나도 없는 와중에도 모든 장면을 눈에 담으려 했던 피해자의 약간은 일그러지고 상기된 모습이 마치 슬로모션 걸린 듯 느릿하게 들어왔다.

법안 발의 이후 4691명의 기록이 담긴 선감학원 '원아대장' 분석 결과를 보도 자료로 만들어서 언론에 배포했더니 전국에서 자기도 선감학원 원생이었다고, 피해자 모임이 있으면 알려 달라는 전화가 줄줄이 이어졌다. 사무실을 지킨 우리방 보좌진이 매일 밤 이런 전화가 왔다며 울컥하는 눈빛으로 메모를 전해 줬다.

바로 이어진 국정 감사에서는 피해자 대표 김영배 선생님을 참고인으로 신청●하여 선감학원 피해 실태와 국가에 대한 요구를 들었다. 일부러 그렇게 했다. 다른 데서 수십, 수백 번 하셨을 증언이지만 국정 감사에서의 증언은 국회 속기사가 기록해서 영구히 보존되고, 증언에 대한 국회의원의 질문에 피감 기관의 기관장이 답변 의무를 지게끔 되어 있기 때문이다. 국정 감사장이라 카메라가 너무도 많았는데 김영배 선생님은 긴장을 이겨내고 또박또박 말씀하셨고, 그 한마디 한마디에 카메라 셔터 소리가 장내를 가득 채웠다. 비로소 피해 당사자의 말이 공중에 흩어지지 않고 역사가 되는 순간이었다.

이후 피해자의 피땀 어린 노력 끝에 20대 국회 마지막 본회의(2020년 5월 20일)에서 「진실·화해를 위한 과거사 정리 기본법」이 극적으로 통과됐다. 법 개정으로 해산됐던

● 국정 감사에서는 상임위원회 의결을 통해 증인과 참고인을 부를 수 있는데 증인은 「국회에서의 증언·감정 등에 관한 법률」(국회증언 감정법)에 따라 출석이 의무이고, "특별한 규정이 있는 경우를 제외하고는 다른 법률에도 불구하고 누구든지 이 법률에 따라야 한다"(제2조). 만일 출석을 거부한다면? 그러면 "이 법률에 따라" 증인에게 국감장까지 나오라는 동행명령장을 발부할 수 있다(제6조). 국회 경위가 증인의 소재지까지 가서 강제적으로 출석시킬 수 있는 권한이다. 이에 반해 참고인은 말 그대로 사안에 대해 '참고'만 하려는 의도이므로 법률로 출석 의무를 규정하고 있지 않다(즉 국회에 출석하지 않아도 관계없다). 그래서 통상 잘 나오지 않으려고 하는 기업인들 혹은 형사사법적 문제가 있는 용의자들은 '증인'으로 신청하고 피해 당사자들이나 시민 사회단체들은 '참고인'으로 신청하곤 한다.

진실화해를위한과거사정리위원회(과거사위) 활동이 재개되면서 한국전쟁 민간인 학살과 형제복지원, 선감학원 등 국가폭력 사건의 진상 조사가 가능해졌다. 그로부터 2년이 흐른 2022년 10월, 과거사위가 암매장된 유해를 확인하고 선감학원 사건이 국가 공권력이 강제 구금·강제 노동·폭력·사망 등을 초래한 중대한 아동 인권 침해 사건이라고 결론 내렸다. 1982년 선감학원 폐원 40년 만에 이루어진 국가 차원의 첫 진실 규명이었다! 더불어 위원회에서는 "신청인 김영배 외 166명은 선감학원 피수용 아동임이 확인되어 아동 인권 침해 사건 피해자로 인정된다"라고 발표했다. 진실화해위원장과 선감학원의 관리 주체였던 경기도지사는 피해 당사자들에게 지난날 국가의 과오에 대해 진심이 담긴 사과를 했다. 사과 받는 사람도, 사과하는 사람도 모두가 울었다. 함께 고생했던 분들과 격려 문자를 주고받으며, 피해자를 처음 만났던 뜨거운 여름날부터 이어진 가슴속 체증이 이제야 내려가는 것 같았다.

해방과 한국전쟁 이후 1950년대 정부 정책의 초점은 18세 이하의 '부랑아'에 가장 먼저 맞춰졌다. 이들은 전쟁의 가장 큰 피해자로서 구호와 동정의 대상으로 여겨지면서도, 한편으로는 '우범화' 또는 '윤락'이라는 낙인이 찍힌 채 도시 치안과 사회 풍기를 악화시키는 존재로 경계되기도 했다.● 5·16 쿠데타 이후 군사정부의 치안 및 사회 정책에서 단속·수용 중심의 부랑인 행정이 더욱 강화되었고 1960년대 초반 사회 정화 사업을 계기로 전국적으로 '부랑인' '부랑아' '부랑 부녀자' 등을 수용하는 시설이 체계적으로 신축·정비되었다. 선감학원 피해자는 이런 역사적 맥락 속에서 법과 정책의 이름으로 '수집·수거'된 사람이다.

우리 사회는 그로부터 얼마나 멀리 왔나? 그때는 부랑아를 버렸고 지금은 누구를 버리고 있나? 사회에 분란을 일으킨다고 여겨지는 사람들, 이를테면 이동권 투쟁을 하는 '눈에 띄는' 장애인의 권리는 얼마나 보장되고 있나. 시대마다 사회에서 '경계되는' 이들의 부류만 조금씩 달라질 뿐 모든 사람을 동료 시민으로 생각하지 않는 차별과 배제의 원리는 그때나 지금이나 똑같다.

보이지 않는 자를 보이게 하고, 목소리 없는 자의 목소리가 되는 것이 대리인으로서 국회의 본령이다. "내가 당신을 대리한다"라는 말 속에는 법률적 책임과 함께 당신의 존재와 목소리가 되겠다는 선언이 담겨 있다. 그 본령을 선감학원 피해자들을 통해 다시 배웠다. 법은 하나의 도구일 뿐, 피해자는 피해 사건으로 인해 단절된 일상을 다시 살게 되

● 소현숙(2018), 「전쟁고아들이 겪은 전후: 1950년대 전쟁고아 실태와 사회적 대책」, 『한국근현대사연구』 84, 321~351쪽.

는 때에야 비로소 치유될 수 있을 것이다. 법이 국가로부터 버림받아 평생 각인된 고통에 한 줌 위로의 도구가 될 수 있기를. 그것이 내가 이곳에서 일하는 이유다.

법보다 빠른 테크놀로지, 시민과 함께 구축한 디지털 민주주의

2021년 8월 25일 오후 6시 37분.

안녕하세요. 저는 국회 환경노동위원회 소속 의원실에서 근무하는 이보라 보좌관이라고 합니다. 최근 단체에서 출간하신 『어웨이크닝』을 열심히 읽었습니다. 엄청난 인사이트를 주는 책이었습니다. 특히 '위험을 매핑하다'와 '아름다움을 매핑하다', 이 두 가지 방법론에 깊이 공감했습니다. 그래서 책에도 일부 인용하신 것처럼

① 통계청의 음식 서비스 거래액 자료 등을 이용해서 일회용 배달 쓰레기 지도 만들기

② 환경부 산하 국립공원공단도 있으니 국립공원의 '아름

다움'과 '위험' 지도 만들기

③ 기후 위기에 따른 국지성 호우로 주민의 피해가 극심한데, 그런 위험 지도를 만드는 것을 생각해 봤습니다. 궁극적으로는 국회에서 자료를 요구해 정부 부처의 통계 자료 등을 센터에 보내 드리면 이것을 지도에 올려 주시는 작업을 공동으로 해 볼 수 있지 않을까 생각합니다. 조만간 직접 찾아뵙거나 화상으로 뵙고 말씀드리겠습니다.

2021년 8월 26일 오전 10시 28분.
안녕하세요. 커뮤니티매핑센터입니다. 『어웨이크닝』을 읽고 많은 영감을 얻으신 것 같아 무척 반갑고 기뻤습니다. 내일이나 다음 주 월요일 오전 10시에 화상 회의 가능하실까요? 그날 궁금한 사항들을 나누면 좋겠습니다.

내 전자우편함에 저장되어 있는 커뮤니티매핑센터와의 대화 내용이다. 의원실에서 축사·강연문·질의서의 도입부에 "지금은 디지털 민주주의 시대"라는 표현을 종종 쓰곤 했지만, 고백하건대 쓸 때마다 실체 없는 거대 담론만 읊는 듯한 느낌이었다. '디지털'은 왔지만 '민주주의'는 아직 도착하지 않은 시대에 살면서 수식어만 바꿔 클리셰를 단장하는 것만 같았다. 그러던 시기에 커뮤니티매핑센터 임완수 대표의 책 『어웨이크닝』(북바이북, 2021)을 읽었고 붕 뜬 개념을 처음으로 손으로 만진 느낌이었다. 이런 때면 아드레날린이 마구 솟는다.

'커뮤니티 매핑'이란 지역 구성원이 공공의 데이터를 이용하거나 직접 마을을 다니며 특정 주제에 맞는 지도를 스스로 만드는 것을 의미한다. 코로나19 직후 전국에서 마스크 대란이 일어났을 때 한 프로그래머가 만들었다는 '전국 공공 마스크 지도'가 대표적이다. 최근에는 학교를 중심으로 '보행자 안전길 지도' '청소년들이 방과후 갈 만한 곳 지도' 같은 실험들이 이뤄지고 있다.

책을 덮자마자 시간을 보니 오후 5시 40분. 아직 퇴근 시간 전이어서 이 책이 나온 커뮤니티매핑센터에 바로 전화를 걸었고, 다행히 누군가 반갑게 받아 주었다. 전화를 끊고 첫 이메일을 보낸 시각이 그날 오후 6시 37분. 그때부터 대화가 일사천리로 이뤄졌다.

책을 쓴 임완수 대표는 미국에 거주 중이라 온라인으로 첫 회의를 했다. 커뮤니티매핑센터 팀은 자신들의 일이 국회에서 논의될 수 있다는 것에 무척 기뻐했고, 나는 머릿속에 있던 구상을 눈앞에서 그려 낼 전문가들을 만날 수 있어서 기뻤다. 그 뒤 임 대표를 포함한 센터 활동가들과 약 두 달간 서로의 시차를 고려해 이른 아침과 늦은 밤에 화상 회의를 했다. 밤낮 없는 토론 끝에 하나의 모델 사례를 만들기로 의기투합했다. 주제는 '도심 배수구 담배꽁초 매핑'으로 정했다. 뜬금없이 웬 담배냐고?

우리가 하는 작업은 다음의 조건을 갖춰야 적합하다고 생각했다.

① 커뮤니티매핑에서 시민은 참여해도 그만, 참여하지 않아도 그만인 '보충적 역할'이 아니라 시민이 없으면 성립 자체가 되지 않는 '핵심적 역할'이어야 한다.

② 시민이 데이터를 축적하는 과정은 공동체를 지키고 가꾸는 일에 기여하는 것이어야 한다.

③ 이를 가능하게 하고자 정부는 사전에 플랫폼을 제공하고 사후에는 매핑된 정보를 공공의 안전과 복리에 기여하는 데 쓸 수 있어야 한다.

'담배꽁초 매핑'은 이 모든 조건에 들어맞았다. 몇 년간 반복된 도심 수해의 원인 중 하나로 하수구 배수 기능이 지적되었다. 하수구에 담배꽁초 같은 이물질이 끼어 빗물

받이가 제 구실을 못해 배수가 안 되는 문제가 곧 도심 침수로 이어지고 있다는 것이다. 도로변 빗물받이에 각종 쓰레기가 쌓여 하수구를 막는 것이 침수 피해를 3배 이상 키운다는 연구 결과도 있다. 도심에서의 침수가 얼마나 큰 인명·재산 피해로 이어지는지 최근 몇 건의 도심 수해로 인한 인명사고로 우리 모두 충분히, 아프게 겪었다. 인프라가 문제라면 정부가 SOC(사회간접자본) 사업으로 해결하면 되는데, 이렇게 담배꽁초가 문제라면 공공 행정 차원의 일이 된다. 하지만 공무원도 매번 담배꽁초 버리는 사람을 쫓아다니면서 쓰레기를 주울 수는 없지 않은가. 이런 때야말로 시민의 힘을 빌리면 공동체의 재난 위험을 함께 예방할 수 있다.

　　방법은 시민이 동네를 걸어 다니다 배수구에 끼인 담배꽁초나 쓰레기, 낙엽 같은 이물질을 사진 찍어서 매핑센터가 개발한 애플리케이션에 업로드하는 것이다. 그러면 앱 지도에 자동으로 배수구 위치와 이물질 상태, 주변 환경(주택가·상가·도로)이 표기된다. 이렇게 모인 데이터를 온라인에서 실시간으로 확인할 수 있으면 지방자치단체는 지역에 맞는 배수구 쓰레기 수거 전략을 세우고, 정부는 홍수가 일어나는 시기에 도심 지역 예방 대책을 세울 근거로 활용할 수 있다. 공공의 플랫폼에 시민 공동의 데이터가 모이니, 우리의 힘으로 재난을 예방하는 공적 모델이 탄생하게 된 것이다!

이렇게 디지털 민주주의를 직접 경험하고 눈으로 만질 수 있는 실체로 만드는 데 집중했던 이유가 있다. 2018년 12월의 마지막 본회의 때, 내가 '법률안 작성 편집기'●를 통해 직접 조문을 만들었던 「환경정책기본법」이 통과됐다. 국회에서 일하면서 법을 만드는 것이 보좌관 업무의 기본 중 기본이라지만 실제 자기 손으로 법문을 만드는 일이 잦은 건 아니다. 개정하고자 하는 법의 취지만 대략 넘겨주면 국회 법제실에서 법 성안을 해 주는 시스템이 있기도 하고, 무엇보다 다른 몰려드는 일 때문에 법문을 붙들고 있기 어렵다. 그래서 법 조문을 직접 만들려면 모두 퇴근한 늦은 밤부터 맘 먹고 자리에 앉아서 시작해야 한다(일과시간에는 하루종일 미팅과 전화로 문서작업을 할 수가 없으니). 그렇게 한 자 한 자 내 손으로 만든 법이 통과되면 내 자식 같은 마음이 든다.

부정의를 고쳐 쓰지 않는 민주주의는 구호에 불과하다. 이 법안은 국회에서 환경 문제를 다루면서 구석구석 목격했던 부정의의 장면들 때문에 만들어졌다. 법안에는 환

● 제·개정하려는 법문을 쓰면 기존 법과 비교해 신구 조문 대비표를 생성해 주는 프로그램으로, 국회 내부 전산망에서만 접속할 수 있다.

「환경 정책 기본법」(대안) 신·구 조문 대비표

현 행	개 정 안
제2조(기본 이념) ② 국가와 지방자치단체는 지역 간, 계층 간, 집단 간에 환경 관련 재화와 서비스의 이용에 형평성이 유지되도록 고려한다.	제2조(기본 이념) ② 국가와 지방자치단체는 (1)환경 관련 법령이나 조례·규칙을 제정·개정하거나 정책을 수립·시행할 때 모든 사람들에게 실질적인 참여를 보장하고, 환경에 관한 정보에 접근하도록 보장하며—절차적 정의 (2)환경적 혜택과 부담을 공평하게 나누고—분배적 정의 (3)환경오염 또는 환경 훼손으로 인한 피해에 대해 공정한 구제를 보장함으로써—교정적 정의 환경정의를 실현하도록 노력한다.

경이 가진 자가 더 많이 누리는 사치재가 되지 않기를, 환경 오염을 일으킨 주체가 더 많은 책임을 지기를, 환경 정보가 모든 이에게 고르게 도달되기를, 환경 피해를 본 시민이 제 대로 신속하고 정당하게 보상받을 수 있기를 바라는 마음 이 담겼다.

'이상 기후'가 '일상 기후'가 되어 갈 때 가장 먼저 무너 지는 건 약한 사람들이다. 재난을 예방하고 피해를 복구·

보상하여 국민의 삶을 지키는 일은 마땅히 국가의 일이어야 하지만 한계가 있을 수밖에 없다. 특히 일상의 안위부터 생사까지 결정짓는 환경 정보가 기득권에게 독점되지는 않을까 우려했던 나는 특히 (1)번 법문의 "모든 사람들에게 실질적인 참여를 보장하고"라는 구절이 법적 형식으로나 내용상으로 지극히 중요한 문장이라 생각했다. 그러나 이 법은 그야말로 기본법인 탓에, 태생적으로 추상적이고 포괄적일 수밖에 없었다. 내가 아무리 법에 영혼을 담아 본들 '지당하신 말씀'을 만드는 것이 기본법의 법적 형식이기 때문이다. 이 문장에서 터져 나오는 물음, "그래서 어쩌라고?"를 채울 수 있는 것은 몸으로 직접 하는 경험밖에 없다. 체험할 수 있는 민주주의의 모델로 그 공백을 채워야 했다.

그것은 사실 우리 사회의 민주주의가 교착 상태에 빠져 있다는 오래된 위기감 때문이기도 했다. '87체제'로 정치의 민주화는 이루었지만 일상의 민주화는 직장의 문 앞에서, 집 앞에서, 학교 교문 입구에서 들어가지 못하고 서성대다 번번이 좌절됐다. 이에 김누리 교수는 『우리의 불행은 당연하지 않습니다』에서 한국사회의 민주주의는 '민주주의자 없는 민주주의'라고 지적하기도 했다. 생각해 보면

'87체제'란 지금의 20대에게는 30년 전 얘기고 그건 지금의 50~60대에게 한국전쟁 정도의 시간감이다. 그럼에도 아직 그때 만들어진 제도와 시스템을 인용하고 있다는 것이 우리 사회 민주주의의 교착을 반증한다.

다음 세대에게는 '지당하신 말씀'을 넘어 '보고 듣고 만지는 민주주의'가 필요하다. 학생들이 각자 가진 휴대전화를 들고 동네 배수구를 찾아다니면서 사진을 찍어 업로드하고, 그 데이터를 분석하고, 그 결과를 국가기관과 지방자치단체에 알려 주고, 조치 결과를 회신 받아 다시 마을 주민과 공유하는 활동이 우리 동네 재난 예방과 안전에 기여할 수 있다면 어떨까? 그 세계는 이전의 세계와 달라질 수밖에 없지 않을까? 환경 정보의 절차적 접근성 문제를 디지털 민주주의가 표방하는 수평적 네트워크에 안착시키면, 이 추상적인 개념이 우리 삶에 착 달라붙을 수 있다고 생각했다. 문자 그대로 민주주의가 체화體化되는, 몸 안에 깊숙이 아로새기는 과정이 된다. 커뮤니티 매핑의 실험을 통해 그 실체를 눈으로 보고 만졌다.

법이 통과되고 몇 년이 지난 지금은 어떻게 바뀌었을까? (1)번 법문이었던 절차적 정의의 관점에서 정보 공개

현황을 살피려고 환경부에 '대국민 웹사이트 현황' 자료를 요청해 보았다. 총 46개 사이트 중 연간 100명 전후로 이용하는 곳도 있고 그나마 있는 누리집의 정보 제공 방식도 수질·대기·온실가스 등 매체 중심 지표를 공급자 마인드로 공표하는 것이지 시민 중심·수용자 중심의 데이터 개방 방식은 아니었다. 시민이 '알 테면 알라지(?)'라는 태도랄까. 국회 상임위원회(환경노동위원회)에서 환경 정보 공개 시스템의 폐쇄성에 대해 공식적으로 질의하고, 커뮤니티 매핑이라는 대안 모델까지 보여 준 뒤 3개월 정도가 흐른 2022년 1월 우리 의원실의 지적 사항을 정부가 어떻게 반영하고 있는지를 살펴보고자 질의를 보냈다.

　"환경 정보의 일방적 제공이 아닌 시민이 역할을 할 수 있는 플랫폼을 제공하는 방식의 시스템 개편 요구에 대한 정부 이행 현황."

그러자 환경부에서는 다음과 같은 답변을 보내왔다.

"(환경 인플루언서와의 협업) 다수의 고정 구독자로 확산력이 크고 콘텐츠 제작 노하우를 보유한 인플루언서(인터넷 유명인) 14명과 협업해 정책 웹툰·홍보 영상·정책 기사 등을 제작하고 홍보(인스타그램·유튜브·블로그 등)함으로써 효과성 증대 등."

정보의 일방주의를 바꾸라고 하니 인기 많은 인플루언서를 통해 더 열심히 홍보하겠다고 한다. 정부가 공공 데이터를 개방해서 시민이 직접 참여할 수 있는 시스템을 만들라는 지적에, 시민을 객체로 만드는 일방주의가 더 강화되는 아이러니다. 정부의 시스템이 바뀌려면 민주주의의 운영 원리가 무엇인지 기본부터 되짚어야 할 것 같다. 늘 느끼지만 어떤 사안에서든 시민이 가장 빠르다. 그다음은 4년마다 시민의 눈치를 볼 수밖에 없는 국회가 그나마 좀 낫고, 정부는 변화에 가장 소극적이다. 이런 정부에 민주주의의 운영원리를 이해시키는 것은 당연히 시간이 걸리는 일. 끈기에 매콤함을 살짝 더해 바뀔 때까지 지적하고 요구해야겠다.

북극곰과 빙하,
에코백과 텀블러가
가리는 세계

사람이 죽었다.

더워서 죽었다.

황당한 문장이지만 문자 그대로 현실이다. '폭염에 일하던 건설 노동자, 온열 질환에 의한 사망'이라는 보도가 마치 '전국 구름 많겠으나, 강원 영동 대체로 흐리고 가끔 비'와 다르지 않은 정보 값의 문장이 됐다. 폭염 시기 사망 사건은 어느새 일간 예보 정도의 무게로 취급되고 있다.

기후 위기를 말할 때 북극곰과 빙하를 인용하는 것은 좋은 정치가 아니다. 사실이 아니라는 얘기가 아니라 그런 식의 차용이 기후 위기가 '지금' '이곳'의 문제임을 가린다는 점에서 그러하다. 서두의 사망한 '온열 질환자 1'은 구급차에서 응급실로 이송된 뒤 가쁜 호흡을 내쉬며 알 수 없는 언어로 횡설수설했고 얼굴은 빨갛게 익었고 입술은 바싹 마른 모습이었다고 한다. 급히 체온부터 확인하니 무려 41도씨가 찍혔는데 통풍조차 잘 안 되는 공장에서 한낮 내내 일했기 때문이다. 결국 그 사람은, 더워서 죽었다.

열대야가 심한 어느 여름 에어컨 없는 집에서 산 적이 있다. 너무 더워서 도무지 잘 수 없었다. 문을 다 열어 놓자니 안전이 불안했고, 닫아 놓자니 숨이 막혔다. 저녁에 집에 가는 게 두려워 사무실에서 밤 12시까지 버티기도 하고 일찍 퇴근할 때는 커피숍에서 최대한 졸릴 때까지 시간을 보냈다. 그마저도 보름이 넘어가 만성 수면 부족에 시달리니 아예 짐을 싸서 에어컨 있는 친구 집으로 피신을 갔다. 그때 나에게는 '자고 싶다, 살고 싶다'라는 생각뿐이었다. 문명사회에서 나만 어디 피할 곳 없는 벌거벗은 동물 같다는 느낌이었다.

고백하건대 '온열 질환자 1, 2, 3……'이 응급실에 실려와 생사의 문턱에 있는 '건설 노동자 ○○○ 씨'라는 구체적 인물로 변환되는 데는 내 옛 경험과 당시의 공포를 한 번 거쳐야 했다. 국회 의원회관 사무실에서 근무하는 나는 더위와 추위를 피할 공간이 있으므로 기후 위기를 처절한 생존의 문제로, 지금 이곳의 문제로 잘 인식하지 못한다.

여성과 65세 이상 노인, 교육 수준이 낮은 인구 집단, 심뇌혈관이나 호흡기계 질환 등 만성 질환자가 폭염 위험에 더 취약한 것은 '팩트'다. 현재 추세로 온실가스가 배출되는 경우 우리나라에서 2040년대에는 기초생활수급자가 가장 큰 피해를 본다는 연구 결과도 있다. 기후 변화는 우리 모두에게 책임이 있지만 이렇듯 그 책임과 피해의 정도는 같지 않다. 그리하여 유엔기후변화협약UNFCC 당사국총회에서는 환경보호가 모든 국가의 공통된 책임이자, 지구환경에 각 국가가 미친 영향과 국가의 현재 처한 상황을 고려한 차별적 책임이 동시에 부과된다는 원칙을 의미하는 '공동의 차별화된 책임'CBDR:Common But Differentiated Responsibility이라는 원칙을 만들기도 했다.

기후 위기 문제에 관해 책임과 피해의 불일치를 바로잡는 것이 정의다. 국제구호개발기구 옥스팜과 스톡홀름환경연구소의 2020년 보고서에 따르면 1990년부터 2015년까지의 탄소배출량 중 전 세계 인구의 가장 부유한 상위 10퍼센트가 누적 탄소배출량의 52퍼센트 만큼, 최상위 1퍼센트가 누적 탄소배출량의 15퍼센트 만큼 책임이 있다. 국내 상위 20개 기업의 온실가스 배출량이 우리나라 전체 연간 배출량의 63퍼센트를 차지한다●. 에코백과 텀블러 사용 같은 시민의 작은 실천도 물론 중요하다. 그러나 이것이 온실가스 배출에 가장 큰 책임이 있는 기업을 면책하는 논리가 된다면 이 또한 부정의한 구조를 재생산할 뿐이다.

"국제사회와 함께 기후 변화에 적극 대응해 2050년 탄소 중립을 목표로 나아가겠습니다."

2020년 10월 28일 국회 본회의장, 2021년 예산안 시정연설에서 문재인 전 대통령은 '2050 넷제로'●●를 선언했다. 본회의장에는 의원들의 환호와 기립 박수가 쏟아졌다. 성장주의·개발주의가 신화처럼 자리 잡은 우리나라에서 이렇게 이르게 국가 전략과 목표가 바뀔 수 있을지 몰랐다. 더구나 제조업 비중이 높은 한국에서 2050년까지 넷제로를 한다니. 국가 운영 원리의 근간이 완전히 바뀌는 순간이었다. 하긴 탄소 중립 사회가 어디 일국의 근간만 흔들까. 이것은 석탄 중심의 산업혁명에서 재생에너지 중심의 녹색혁명을 이루는 문명사적 대전환이다.

그런데 말은 이렇게 해도 이 시기가 역사에 어떻게 기록될지 체감될 리 없다. 당시 내 마음은 얼떨떨 15, 반가움 20, 의구심 30, 걱정 35 정도였다. '선언'으로서 분기점이

● 국가온실가스종합관리시스템, 2020.

●● Net-zero · 온실가스 순배출량 0.

만들어졌다면 그것이 듣기 좋은 말로 끝날지 우리 사회의 기틀이 될지는 그때부터 국회가 하는 일에 달려 있다.

2050년까지 흔들릴 수 없는 법적 근거가 필요했다. 2009년 이명박 전 대통령은 2020년까지 온실가스를 배출 전망치BAU 대비 30퍼센트 감축하겠다고 국제사회에 공언하고 녹색 성장 선도국의 지위를 얻었다고 자평했다. 하지만 바로 다음 해 온실가스 배출량은 10퍼센트 가까이 늘어, 1993년 온실가스 배출량 증가율 12.2퍼센트를 기록한 이래 17년 만에 최고치를 찍었다(6억6900만 톤). 온실가스 감축 목표만을 발표한 채 이를 현실화하는 세부 정책을 실현하지 못했기 때문이다. 가 보지 않은 길을 정부 부처 공무원들이 '어련히 알아서 가 주겠거니' 하는 것만큼 순진한 것이 없다. '법적 근거' 없이는 한 발자국도 나갈 수 없는 공무원 업무의 특성 때문에 그렇다. 탓할 것이 아니라 공무원이 일을 할 수 있게끔 예측 가능성과 확신을 불어넣어 주는 것이 중요하고, 그것이 가 보지 않은 길에 구체적인 경로가 되는 법적 근거를 만드는 국회의 역할이다.

그래서 '2050 탄소중립법'을 만들기로 결심했다. 나로서는 지난 2009년 이후 날린 지난 10년의 세월이 너무나 뼈아팠기 때문이다. 이번에도 대통령 선언만 믿고 뭘 안 했다가는 10년 후 또 역행하는 사회를 보며 후회할 것 같았다.

법을 만들겠다고 생각은 했지만, 이제부턴 정말로 없던 경로를 만들고 길을 닦고 거기에 앞으로의 30년을 전망하는 다리까지 놓아야 했으므로 내가 할 수 있을지 의심스러웠다. 일단 지난 시기 정부 정책의 실수를 복기하고, 원래 있던 탄소 저감을 위한 기본법인 「저탄소 녹색 성장 기본법」(녹색성장법)의 공과功過를 평가했다. 녹색성장법은 '한국 최초 기후 위기 대응법'이라 평가받으며 국무총리 직속 녹색성장위원회를 통해 온실가스 감축 목표를 정하는 역할을 했다. 그러나 온실가스 감축 목표 설정과 이행 점검이 시행령에 있었기 때문에 법이 아니라 정부의 의지에 따라 왔다갔다 했다. 이런 외양만 좋고 내실이 하나도 없는 규정은 오히려 공무원 사회에 '적당히 해도 되는 일'이라는 신호를 준다. 그래서 안 하느니만 못하다.

그러면 이제 온실가스 감축 목표의 이행 점검을 명확히 하는 절차를 법에 담는 것, 시행령으로의 위임은 최소화하는 것이 중요하다.● 그래야 앞으로 어느 정부가 들어서더라도 온실가스 감축이 해도 되고 안 해도 되는, '사람의 재량'에 달린 일이 아니라 '국가 시스템으로서의 의무'가 된다.

● 국회가 법을 만들 때 시간에 쫓기느라 세부 사항을 법으로 정하지 않고 "대통령령에 정한다"라고 두어 '백지 위임' '묻지마 위임' 하는 경우도 있는데 그것 역시 나중에 시행령이 법을 흔드는 일을 국회가 방조하는 것이다.

탄소 중립은 사회 전 분야에 걸쳐 동시다발적으로 이뤄져야 하므로 일주일에 한 번씩 화상으로 당·정·청 회의**를 하면서 국무조정실·산업통상자원부·외교부·농림수산식품부·국토교통부·환경부 등 각 부처의 상황을 골고루 들었다. 동시에 수소차·전기차 생산 업체와 협력 업체, 풍력·태양광 발전 사업자, ESG 등 녹색 경영을 하는 금융 업계 종사자, 농어업인을 만나서 현장의 어려움을 듣기도 하고 산업 전환기에 필연적으로 소외되는 업종 종사자의 얘기도 들었다. 또 가장 먼저 '2050년 탄소 순배출 제로'를 선언한 영국이 의회 차원에서 먼저 제안을 해 와 화상 세미나로 영국의 기후 위기 대응 정책 성공 사례를 듣고 우리 국회가 준비하고 있는 '그린 뉴딜' 구상도 공유했다.

그러고 나니 확실히 세계를 보는 눈이 달라졌다. 그간 환경 문제를 '뭘 하지 못하게 하는' 규제 중심으로 생각했던 것은 산업 구조가 환경을 죽이는 방식으로 짜였을 때엔 유의미한 프레임이었다. 그러나 영국의 사례처럼 그린 뉴딜은 환경 정책이 곧 산업 정책이고 외교 정책이었다. 공무원들 분위기도 바뀌었다. 2010년대 중반까지만 해도 개발주의자들이 환경 파괴를 일삼으려 하면 국회에서는 이를 막고자 보좌관들이 직접 환경 파괴의 경제적 가치를 '측량'하

●● 정당, 정부, 청와대 관계자 회의를 일컫는다.

73

려고 애썼다. 환경 파괴의 효과는 당장 체감하기도 어렵거니와 이것이 마치 '세상 물정 모르는 낭만주의자'의 주장인 듯 여겨지는 분위기가 있어서, 우리는 경제적인 수치를 추정하는 방법을 써서라도 공무원들의 생각을 돌려 보려고 했다. 개발은 당연한 일이니 이를 막고자 환경 파괴로 인한 피해를 입증해야 한다면 그 책임은 우리가 져야 했던 것이다. 당시 경제학자 중 생태문제에 관심 있는 전문가를 섭외하려고 얼마나 전화를 돌렸는지 모른다. 그런데 기후위기로 변한 물정 덕에 우리가 애써 입증 책임을 져야 하는 수고를 덜었다. 그만큼 위기는 코앞까지 닥쳐 왔고 판은 바뀌었다. 학부 전공이 경제학인지라 기존 자본주의 경제 시스템에 한계를 많이 느끼고 있던 나는 이미 판도가 바뀐 재생 에너지 및 관련 금융 시장의 흐름을 읽게 되자 눈이 시원하게 밝아졌다. 워낙 해 본 일을 또 하는 것보다 안 해 본 일을 시도하는 것을 더 좋아하는 성정이기도 해서 새로운 일이 즐거웠다. 무엇보다 매일 국회 안에서 허덕허덕 숨넘어갈 듯 짧은 호흡으로 살던 내가 2050년까지 변화된 세계를 상상하며 긴 호흡을 가지고 다양한 사람의 목소리를 법안에 녹이는 법을 배웠다. 그렇게 숱한 논의의 결과로 '기후 위기 대응법'을 만들었다. 법을 만드는 과정에서 주력한 것은 두

가지다.

① 온실가스 감축과 이행이 역진逆進하지 않도록 이행 현황을 매년 점검하고 그 결과 보고서를 작성해 국민에게 공개하도록 한 것(「기후위기 대응을 위한 탄소중립·녹색성장 기본법」 제9조).

② 정부는 기후 위기에 취약한 계층 등의 현황과 일자리 감소, 지역경제의 영향 등 사회적·경제적 불평등이 심화되는 지역 및 산업의 현황을 파악하고 이에 대한 지원 대책과 재난 대비 역량을 강화할 수 있는 방안을 마련하는 것(같은 법 제47조).

①이 사회 전환 시스템을 만들려는 고민의 결과였다면, ②는 이행 과정에서의 부정의를 바로잡으려는 장치였다. 이 법은 만들기도 어려웠지만 통과시키기는 더 어려웠다. 상대 당의 반대는 예상했지만 정부의 소극적·관성적 태도는 예상을 훌쩍 뛰어넘었다. 당·정·청 회의에서 한 목소리를 냈던 정부 부처들도 각자의 자리로 돌아가기만 하면 각 기관의 조직 논리가 작동해, 대통령의 선언보다도 더 후퇴한 안을 가지고 왔다. 가령 이런 식이다.

"정부는 2050년까지 탄소 중립 달성을 위해 필요한 시책을 수립 추진하여야 한다."

"정부는 2050년까지 탄소 중립을 목표로 한다."

위와 아래의 차이는 무엇일까? 위의 탄소 중립은 시책 수립을 위한 명분일 뿐, 해도 되고 안 해도 되는 것이 된다. 국회에서 탄소 중립 이행 점검을 하고 잘 안 된 지점에 대해 이 법을 들이대면 정부는 "필요한 시책을 수립하고자 ○○을 추진했습니다"라고 답할 것이 뻔하다. 추진만 했다면 결과는 어찌되든 상관없다는 의미다. 아래의 문구는 정부를 빼도 박도 못하게 만드는 입법자의 의도를 그대로 법문으로 넣은 것이다. 결국 자꾸 뒤로 가려는 정부 부처를 법으로 옭아맸고 두 번째 문구로 법문을 성안했다. 이런 것이 '법률의 구속력'이라 표현되는 것, 국회의 권능으로 할 수 있는 가장 명쾌한 지점이다. 이렇게 해서 '기후 위기 대응법'은 여러 법률들과 병합 심사를 거쳐 「기후위기 대응을 위한 탄소 중립·녹색성장 기본법」이라는 이름으로 2021년 8월 31일 본회의를 통과했다.

법안이 통과되면 끝일까? 법안 가결을 선포하며 방망이 세 번 치는(방망이는 국회 의장이나 상임위원장의 의사

봉을 말하는데 국회에선 보통 '방망이 친다'라고 표현한다) 그때만 딱 기쁠 뿐, 돌아가서 내 자리에 앉으면 본격적인 일은 그때부터 시작된다. 법은 최상층의 영역일 뿐이어서 만들어 놓고 이후를 점검하지 않으면 말짱 헛일이 된다. 제정된 법을 가지고 일차적으로 정부와 지자체를 움직여야 하고, 그다음은 기업, 최종적으로는 시민의 생활이 변하도록 설계해야 한다. 이제부턴 디테일에 숨어 있는 악마 찾기 게임이 시작되는 것이다.

탄소중립법 원년인 2021년의 국정 감사는 통과된 '2050 탄소중립법'이 '공동의 차별화된 책임 원칙'에 입각하여 기후 위기에 가장 큰 책임이 있는 주체가 책임지는 방향의 구조와 시스템을 만드는 것이 중요하다고 생각했고, 구체적인 방법으로 온실가스 다량 배출 기업의 감축 실태부터 점검하기로 했다. 국정 감사를 앞두고 환경부에 '반도체·디스플레이·전자 산업의 불소가스F-gas 사용 업체별 온실가스 배출량' 자료를 요구해 실적별로 분석했다. 불소가스는 지구 온난화를 일으키는 대표적인 온실가스다. 반도체·광전지·디스플레이 업종에 할당된 불소가스의 연간 온실가스 배출량은 500만 톤인데, 이는 석탄 화력발전소 1기(500메가와트 표준)의 연간 온실가스 배출량의 약 1.7배에 해당하는 수준이다. 즉 감축 설비 도입이 상대적으로 용이한 전기·전자 업종에서 불소가스 감축을 시행하면 석탄 화력발전소 1.7기를 바로 조기 폐쇄하는 것과 동일한 효과를 낸다는 의미다.

이 자료는 국회에는 최초로 제출된 것이라 했다. 제출된 데이터를 쭉 봤더니, 두 업체의 특정 사업장들 저감률이 유독 낮았다. 저감률이 40퍼센트대인 곳도 있고 심지어 19퍼센트를 기록한 곳도 있었다. 전문가에게 조언을 구했더니 감축 설비를 가동하면 90퍼센트 이상의 저감 효율을 내는데, 이 정도 수치가 나온 건 사실상 '거의 저감하지 않고 그대로 대기로 배출했다'는 의미라고 했다. 황당해서 이 업체가 어딘지 확인해 봤더니 반도체·디스플레이 업계 1위 기업이었다. 이들 기업이 외부에다가는 'ESG 경영'이니 '재생 에너지 확대'니 자랑하면서, 기본 중의 기본인 자체 저감 설비는 제대로 갖춰 놓지 않았던 실상이 밝혀진 것이다.

이 자료를 토대로 해당 기업의 임원을 국정 감사 증인으로 출석시켰다. 그것도 쉽지 않았다. 증인에서 제외해 달라는 요구로 내 전화는 불이 날 지경이었다. 직접적인 방식으로는 안 통할 거라 생각했는지, 나와 가까운 선배를 통해 말을 전하기도 했다. 기업 측에서 이미 내 출신 학교·앞서 일한 의원실·친한 지인까지 샅샅이 뒤졌다는 얘기다. 근데 기업들이 모르는 게 있다. 그렇게 전방위로 국회를 압박하면 증인 출석을 요구하는 입장에선 '감추고 싶은 게 더 있나 보다'라는 심증만 굳힐 뿐이라는 것을. 기업들과 줄다리기를 하던 때 국회 보좌진으로 있다가 기업으로 간 친구에게서 연락이 왔다.

"보라야, 너 기업들한테 말 안 통한다고 소문났더라?"

"응? 그게 무슨 말이야?"

"너 기업 증인 안 빼 줬다며? 그 방 여성 보좌관 성격 안 좋다고 소문이 쫙 돌던데?"

내 이럴 줄 알았다. 기업 대관(기업에서 대외 협력을 담당하는 사람. 국회 보좌진이나 기자 출신이 많다)들이 다른 방에서 남성 보좌관에게 혼구멍이 나면 오히려 '와 그분(보좌관) 보통 아니시네'라며 업무적인 평가를 하는데 반해 보좌관이 여성이면 성격을 들먹인다. 남성 보좌관의 단호함은 카리스마고 여성 보좌관의 단호함은 그냥 성격 나쁜 거다. 나는 이제 어딜 가든 보좌관 경력으로 안 밀리는데 여성이 공적 장소에서 공적 존재로 평가받는 것은 이다지도 어려운 일이다. 어느 날 술자리에서 이런 얘기를 토로했더니 거기 모인 여성 보좌관 선배 중 '성격 괴팍하다' '마녀다'라는 평가를 안 들어 본 사람이 없었다는 '웃픈' 이야기는 덤이다.

매번 국정 감사 때마다 보도에 나오는, 국회가 무리하게 기업 증인을 불러서 면박 주거나 6시간 기다리게 해 놓고 질문은 10초 만에 끝나는 것 같은 폐해는 너무나 잘 알고 있다. 그래서 요즘은 자칫하면 해당 의원실을 비판하는 보도가 나니 꼭 필요한 경우가 아니면 국정 감사 증인 신청을 자제하는 분위기도 있다. 그러나 손 안에 명확한 데이터가 있고 고칠 사안이 있으면 기업을 국정 감사에 불러서 공개적으로 시정 약속을 받고 그것을 시민이 언제든 볼 수 있도록 속기록으로 남기는 것이 공익에 부합한다고 생각한다.

결국 해당 기업의 부사장이 국회에 출석했고 공장의 온실가스 저감 설비가 미흡했음을 인정하고 설치 확대를 국민 앞에서 약속했다. 정부에도 온실가스 감축 시설 점검을 더욱 강화하도록 촉구했다. 온실가스 감축을 위해서는 마른 수건까지 짜야 하는 판에 이 정도 규모의 온실가스가 저감 없이 배출됐다는 사실은 일회용기 덜 쓰고, 쓴 것도 재활용하며, 전기 아껴 생활하는 시민의 실천을 맥 빠지게 하는 일이다. 국회와 시민이 기업과 정부를 계속 감시해야 할 필요성이 여기에 있다.

우리는 '압축적인 경제 성장'을 한 만큼 '압축적인 넷제로'를 해야 할 처지다. 그러려면 지금 당장 책임 있는 주체에게 더 큰 책임을 부여하고 피해 본 이들을 더 두텁게 보호할 수 있는 구조를 만들어야 한다. 나날이 극심해지는 우리 사회의 불평등과 부정의를 치유하지 않고는 우리가 공존할 사회로, 탄소 중립 사회로 나아갈 수 없다.

피해의 고통을 측정할 수 있어야 피해자를 제대로 돕고 대리할 수 있다

딸은 아빠의 사형을 원했다.

강서구 주차장 살인 사건 피해자의 딸입니다. 제2, 제3의 피해자가 생기지 않도록 사형을 선고받도록 청원드립니다. 피의자인 아빠는 치밀하고 무서운 사람입니다. 엄마를 죽여도 6개월이면 나올 수 있다고 공공연히 말했으며 사랑하는 엄마를 13회 칼로 찔러 우리의 모든 것을 빼앗아 갔습니다.

이 글은 청와대 청원 게시판에 올라왔고 삽시간에 전

파되었다. 전 국민이 알게 된 '강서구 주차장 살인 사건'이다. 2018년 10월 22일 오전 7시 16분, 강서구 모 아파트 주차장에서 한 여성이 흉기에 찔려 피를 흘리고 있다는 신고를 받고 119 구조대가 출동했다. 소방대원이 현장에 도착했을 때 이모 씨는 이미 숨진 상태였다. 범인은 15초 동안 칼로 무려 13번 피해자를 찌른 뒤 사라졌는데, 그 범인은 전 남편이었다.

2016년 '강남역 살인 사건' 이후 혐오 범죄에 대한 대책은 지워지고 '화장실 점검'만이 경찰청 대책으로 남았다는 시민의 자조 섞인 평가가 있다. 젠더 폭력은 '젠더 렌즈'가 있어야 보인다. 시대·인종·계급·지역을 막론하고 인류의 가장 오래된 범죄 중 하나인 가정폭력의 피해자가 호소한 곳이 결국 청와대 청원 게시판이었다는 것에 너무도 마음이 아팠다. 국회를 포함한 공적 기관 어디에도 호소할 수 없었다는 방증이기 때문이다. 청와대 청원 게시판이 운영됐던 2년 동안 20만 명 이상 동의를 얻은 국민청원 가운데 40퍼센트가 젠더 문제였고, 그중 성폭력 문제가 63퍼센트로 가장 많다. 모든 범죄 중 성폭력이 가장 많이 발생한다는 것이 아니라 유독 성폭력 사건이 벌어졌을 때 피해자가 기댈 언덕이 없다는 것으로 읽힌다.

피해자의 딸이 남긴 청원 글은 기댈 언덕 없는 피해자의 단 하나 남은 자력 구제 방식이었을 것이다. 더구나 피해자는 결혼하고 25년 동안 지속적으로 폭력을 당했다고 했다. 가정폭력은 역사적으로 오래된 범죄인 만큼, 그간의 누적된 피해만큼, 가해 행위마다 피해자가 보호받을 촘촘한 형사 사법 체계가 마땅히 있어야 한다. 그러나 우리의 현실은 그렇지가 않다. 피해자는 경찰에 SOS를 쳤으나 제대로 된 도움을 못 받았고, 국회도 손 뻗으면 닿을 만한 곳이 아니었을 것이다. 검찰·경찰 같은 권력 기관을 피감 기관으로 하는 국회 법사위원회·행정안전위원회 등 상임위원회에서는 언론에서 가장 주목하는 사안에 대해 집중적으로 질의하지만 그것이 대책까지 완결적으로 이어지는 경우는 드물다. 오히려 '현안'이라는 스포트라이트가 세게 비춘 만큼 그림자도 깊다. 뒤늦게라도 이 사건이 제대로 진단되지 않으면 이 역시 '화장실 점검'만 남은 강남역 사건처럼처럼 '아파트 주차장 CCTV 달기'로 끝날지도 모를 일이었다.

　　유족 증언에 따르면 가해자 김씨가 경찰에 신고된 이력은 2015년 2월·2016년 1월·2016년 5월 등 총 3회였다. 그런데 우리 의원실에서 경찰청에 자료를 요구해 제출 받은 '살인 사건 혐의자에 대한 가정폭력 신고 접수 내역'을

강서구 주차장 살인 사건 일지 및 살인 사건 혐의자에 대한 가정폭력 신고 접수 내역

	사건 일지*	신고 접수 내역**
1993년	피해자 이모 씨와 피의자 김모 씨 결혼. 김씨로부터 상습적인 폭력 겪었지만 보복 두려워 신고하지 않음.	
2015년 2월	1차 신고 김씨, 여행에서 돌아오는 이씨를 기다렸다가 심하게 폭행, 둘째 딸이 경찰에 신고해 상해죄로 불구속 송치. 이 사건 계기로 이혼.	"아빠가 엄마를 때린다"는 막내딸 신고. 가해자 대상 조치 - 폭행 현행범 체포 및 긴급 임시조치(1·2·3호) 결정. 피해자 대상 조치 - 병원에 인도하여 치료하도록 조치.
2016년 1월	2차 신고 김씨, 이씨 집에 찾아가 흉기로 협박. 경찰은 "잘 해결됐다"는 이씨 말 듣고 돌아감. 김씨, 카카오톡으로 '일가족 살인 사건' 기사 보내며 "죽여 버리겠다" 위협.	신고 이력 없음. 조치 내용 (○○지구대) - 당시 출동 경찰관들은 상황을 기억하지 못함. - 다만 근무일지에는 "엄마하고 딸이 식사하고 있는데 부천에서 전 남편이 찾아와 불안하다며 식당 주인에게 대신 신고토록 한 것으로 엄마와 딸이 집에서 간단한 짐을 찾아 친척집으로 갈 수 있게 도와주고 현장 정리"라고 기재되어 있음.
2016년 5월	3차 신고 김씨, 큰딸과 함께 거주하던 집에서 "같이 죽자"며 방화 시도. 경찰에 신고해 김씨 연행됐으나 1시간 만에 풀려나 귀가.	신고 이력 없음.
2018년 10월 22일	김씨, 강서구 아파트 주차장에서 흉기로 13차례 찔러 이씨 살해.	

* 유족 진술. ** 2018년 경찰청 제출 자료.

유족 증언과 비교해 보니 경찰청 기록에 남은 것은 총 2회였고, 그마저도 1건은 신고 내역에도 누락되어 있어 나중에야 근무일지에서 기록을 찾아냈다는 것을 확인했다.

　이런 일은 왜 일어났을까? 112 신고 이력 관리가 안 되어서다. 동일인이 여러 번 신고해도 개별 사건으로 처리하기에 경찰은 가해자의 전력을 모르고 출동한다. 그 결과 현행범을 체포하는 데도 한계가 있다. 게다가 112 신고 접수 내용 보관 기간이 1년뿐이어서 지속성과 반복성이 핵심적 특징인 가정폭력은 현행 112 신고 체계에선 사실상 방치된다.

　특히 2015년 2월 신고된 날 경찰은 가해자가 재범 위험이 크다고 판단까지 해 놓은 상태였다(가정폭력 재범 위험성 조사표 참조). 경찰은 가정폭력 재발 가능성, 행위 위험성 등을 고려해 A(위험), B(우려) 등급으로 선정하고 필요에 따라 방문 또는 전화 모니터링을 하는데 이 사건의 담당 경찰은 피해자가 안전한 상황인지를 주기적으로 체크하지도 않았다. 피해자가 전화번호를 자주 바꿔 연결되지 않았다는 이유였다. 가해자의 추적을 피해 다녀야 하는 피해자는 당연히 전화번호를 자주 바꿀 수밖에 없으니 경찰은 그 밖의 다른 연락망을 갖고 있어야 한다. 이 범죄의 속성을

가정폭력 재범 위험성 조사표

• 가해자명 : 김██████
• 피해자명 : 이████

• 가해자·피해자 관계 : 부부

요인	평가문항				결정문항
당해사건 심각성	1. 폭행 심각도*		하(1)	중(2)	**상(3)**
	2. 현재 임시조치 또는 보호처분 위반*		없음(0)		**없음(0)**
	3. 혼란스러운 사건현장		없음(0)	있음(1)	**없음(0)**
	4. 가해자 통제 어려움 (현장출동 경찰관에 욕설 등 난동)		없음(0)	있음(1)	**있음(1)**
피해자 심리상태	5. 현재 심리적 혼란상태		없음(0)	있음(1)	**있음(1)**
	6. 폭력이 계속될 것 같은 두려움*		없음(0)		**있음(1)**
가정폭력 전력	7. 가정폭력의 빈도 [본 건 제외]*		없음(0)	1~2회(1)	**없음(0)**
가해자 성격 심리적 특성	8. 폭력의 원인 제공자로 피해자 비난 (폭력 정당화 시도)		없음(0)	있음(1)	**있음(1)**
	9. 갑자기 화를 내는 등의 심한 감정기복		없음(0)	있음(1)	**있음(1)**
	10. 음주 문제(알코올 중독 또는 폭력 당시 주취 여부)		없음(0)	있음(1)	**없음(0)**

〈고위협 가해자 분류〉
• 총점이 7점 이상일 경우
• 총점에 상관없이 결정문항*에 하나라도 해당할 경우

총점: (8 / 13 점)

〈조사자 의견〉
피의자는 공항 주차장에서, 귀가 도중 택시 안에서, 그리고 집 앞에서 부인을 폭행했다 범행 시인하면서도 피해자가 거짓말을 하고 여행을 간 것이라고 확인하는 순간 화가 나서 폭행을 행사했다고 진술하는 등 장소에 여의치 않고 피해자에게 폭행을 행사하는 점, 사실여부에 대한 확인 없이 피해자에게 무작정 폭행을 행사한 점 등으로 보아 재범의 위험이 있다고 판단이 된다.
※ 재범위험성 평가 : 중

조사일시 : 2015. 2. 16.   조사자 : 여성청소년과 성폭력수사팀 ██████

이해한다면 말이다. 실제 피해자는 휴대전화 번호를 10여 차례 바꾸고 가정폭력 피해 여성 보호소 등 6곳의 거처를 전전했다. 결국 그녀는 죽어서야 전남편의 폭력에서 풀려날 수 있었다.

피해자가 국가와 최초로 맞닥뜨리는 기록인 112 신고 관리가 이 정도라면 경찰청의 그 밖의 통계는 어떻게 쓰이고 있을까? 가장 정확하게 보려면 형사사법정보시스템(KICS)에 입력된 사건 기록을 봐야 하는데 이 자료는 관련법에 따라 수사, 공소, 공판, 재판 집행 등 형사 사건의 처리와 관련된 업무에서만 확인할 수 있다며 경찰청에서 제출하지 않았다.

그래서 이 사건과 관련된 주무 부서를 모두 의원실로 불러 사건 발생부터 검거에 이르기까지 전 영역을 점검했다. 그래야 어디에서 구멍이 뚫리고 사각이 생기는지 확인할 수 있을 것이었다. 경찰청 범죄예방정책과·성폭력대책과·여성청소년과·112팀·수사기획과를 합쳐 약 열 명쯤 되는 인원이 한꺼번에 의원실로 왔다. 이렇게 다수의 부서가 한꺼번에 의원실로 오는 일이 거의 없어서 사전에 경찰청 관계자와 협의할 때부터 누가 국회에 가야 하는 것인지, 왜 가는 것인지 옥신각신 했고 결국 의원실에 온 경찰들도 불만 섞인 얼굴이었다. '강서구 주차장 살인 사건' 하나를 두고 발생 시점부터 사건 인지, 처리, 종결까지의 전체 프로세스에 대해 누가 접수 받고 누가 출동했으며, 누가 기록을 했고, 누가 처리했는지를 나와 우리 방 보좌진들이 묻고 과별로 답했다. 누구 하나를 탓하고자 하는 것이 아니라 유사 사건이 벌어졌을 때 같은 문제를 반복하면 안 되기 때문에 피해자 관점에서 비어 있는 퍼즐을 하나씩 맞춰 갔다.

이 과정에서 알게 된 건, '경찰청 범죄 통계'에는 범죄 유형별로 '범죄자와 피해자의 관계'를 고용자·피고용자·이웃·지인·친구·애인·동거 친족 등 총 15가지로 분류하는데 그중에 배우자 항목이 없다는 사실이었다. 통계를 만들 때 배우자로 인해 피해가 발생할 수 있다는 가정 자체를 안 했다는 의미다. 심지어 이 사건에서 피해자와의 관계는 '전 배우자'다. '동거 친족'도 아니고 그렇다고 '애인'이나 '지인'도 아니기에 '기타'로 입력됐을 가능성이 크다. 통계에는 가해자와 피해자의 성별조차 표기되지 않는다. 그래서 이 사건은 '일반 살인 사건'으로 표기됐을 확률이 높다. '범행 동기'는 공식 통계에서 이욕利慾·사행심·보복·가정 불화·현실 불만 등의 항목으로 관리되는데 이 사건의 동기는 이중 '가정 불화'로 표기됐을 것이다. 이욕이나 사행심 같은 다른 범행 동기는 가해자의 동기를 문제 삼는데 유독 '아내 폭력'은 쌍방을 같이 문제 삼는다. 실제로 범행 동기 현황 통계를 보면 '기타'와 '미상'이 58퍼센트(경찰청 범죄 통계, 2020년)나 차지한다. 이쯤 되면 통계 자료로서 가치가 없다고 볼 수 있다. 실제 경찰 통계의 대다수 지표에서 '기타'에 해당하는 수가 가장 많다. 항목이 다양하지도 않고 중복 표기도 되지 않기에 경찰은 모호하면 모두 '기타'를 선택하게 된다. 이렇게 범죄 사실을 유형화해서 입력하는 것을 '범죄 통계 원표'라고 하는데 이는 1962년 도입 이후 60년 가까운 세월 동안 수정 한 번 되지 않았다.

이렇게 알게 된 사실들을 가지고 경찰청장에게 질의할 질의서를 만들었다. 국회의원의 질의는 영구히 기록되는 것이니 한 줄 한 줄 조심스럽게 쓸 수밖에 없다. 특히 검찰·경찰이 대상인 경우 수사 중 사안에 대해 국회에도 자료를 내놓지 않기 때문에 아무것도 없는 데서 더듬더듬 찾아가야 한다.

늘 그랬듯 저녁 먹고 다시 사무실로 들어와 질의서를 쓰기 시작하면서(일과시간엔 방문자 미팅과 전화 등으로 바빠 질의서 등 문서 쓰는 일은 저녁 먹고 8시 넘어서야 시작되는 경우가 다반사다) 안 풀리는 문제가 생기면 질문·

응답 퍼레이드가 시작된다. 9개의 책상이 있는 우리 사무실에서 누구는 책상에 걸터 앉아서, 누구는 자기 자리에서, 누구는 서서 서로 질문과 답을 하며 문제를 풀어 간다.

먼저 내가 질문을 시작했다.

"이거 경찰이 살인 사건으로 봤어요? 가정폭력 사건으로 봤어요?"

비서관K가 얼른 답을 주었다.

"경찰이 여전히 KICS원표를 제출 안 해서 확인할 수는 없는데요, 112 신고 받았을 때에는 확실히 '살인 사건'으로 분류되어 있었을 거예요. 피해자 가족이 직접 청와대 청원하니까 '가정폭력'으로 안 거지, 제가 오늘 경찰청에 확인해 보니 출동 당시에는 경찰조차 모르고 있었대요."

다시 내가 물었다.

"가정폭력이면 계획 범죄일 확률이 높은데 신고받고 출동한 경찰에게 그 정보가 없으면 출동 경찰도 위험해지는 거 아니에요?"

이번엔 비서관S가 답을 해 주었다.

"네, 맞아요. 실제로 현장 출동 경찰은 KICS에 접근할 권한이 없기 때문에 기껏 안 것은 가해자의 차적 조회랑 면허 조회 결과뿐이었다고 해요. 가해자의 배경이나 성향에 대해 모르고 나가는 거에요. 그래서 실제로 많이 다치기도 한대요."

이렇게 질문과 답을 주고받으면서 우리가 세운 가설이 맞는지를 점검하고 또 점검했다. 우리는 행정의 감시자이지 행정을 직접하는 사람들이 아니기 때문에 혹여나 놓친 부분이 없을지 누구는 기자 입장에서, 다른 누구는 경찰 입장에서, 또 우리의 질의서를 보고 받을 의원 입장에서 보며 서로 레드팀을 자처했다. 경찰학 전공 전문가들에게 우리가 생각한 대안이 적정한 것인지 자문도 구했다. 이 결과로 112 신고 시스템을 개선해 신고 이력 보관 기간을 늘리고 이 정보가 학대예방경찰관APO 시스템과 연계되도록 했다. 또한 가해자와 피해자를 분리시키는 것뿐만 아니라 '현행범 체포'도 추가하게 되었고, 이는 관계 부처 합동 가정폭력 방지 대책에 즉시 반영됐다.

법을 개정해서 보완해야 하는 것도 있었다. 가정폭력이 발생했을 때 법률상 '가해자·피해자 분리'를 하게 돼 있는데, 이 조치는 결국 가해자는 집으로 가고 피해자는 집 밖을 전전하는 아이러니를 만들었다. 가해자·피해자 분리는 '가해자 격리' 조치로 하고 이것이 강제성을 띠도록 경찰의 권한을 강화해야 한다. 독일 형법처럼 "때린 사람이 나가야

가정폭력 방지 대책 전후 비교

	현행	개선
피해자 안전 및 인권 보호	응급 조치로 가·피해자의 '분리'만 가능하여 격리가 어려움	유형에 '현행범 체포'를 추가하여 가해자를 피해자로부터 신속 격리
	응급 조치 시 임시 조치 신청할 수 있음을 통보	응급 조치 시 피해자 보호 명령, 신변 안전 조치 요청할 수도 있음을 통보
	(긴급)임시 조치 청구권자는 피해자, 법정대리인	가정 구성원도 포함하여 피해자 보호 강화
	임시 조치 위반 시 과태료 부과	징역 또는 벌금 부과로 제재 강화
	(긴급)임시 조치 중 접근 금지는 장소 기준	사람 기준으로 변경
	내부 지침이 있으나, 보다 구체화 필요	범죄 유형별·단계별 처리 지침 마련
	재범위험성조사표 활용도 저조	활용도 제고를 위한 자체 개선안 마련 및 조사 항목, 후속 조치 등 개선
	112 시스템 신고 이력 보관 기간 1년	APO 시스템과 연계하고, 신고 이력 보관 기간 확대(1년→3년)

한다." 이런 강제적 성격을 가지는 법안은 국민 기본권을 제한할 수도 있으므로 법률 유보원칙●에 의해 시행령이나 시행규칙 등 하위법령이 아니라 모법(법률)에 내용이 담겨야 한다.

이런 내용을 담아 우리 방 후배인 김서정 비서관이 '가정폭력 피해자 보호 강화 3법'을 만들었다. 사건 발생 직후부터 자료 요구, 언론 제보, 법안 발의까지 눈물겨운 순발력을 발휘했다. 그는 늦은 퇴근길에도 이른 아침 출근길에도 더 나은 법조문을 고민했을 것이다. 서로 말하지 않아도 알았다. 가장 오래된 폭력의 고리는 피해자 보호가 법률 체계와 형사 사법 시스템에 '공식적으로' 기록되어야 끊어질 수 있다는 것을. 그리고 이 문제 제기를 우리가 했으니 마무리도 우리가 해야 한다는 것을.

일반 형사 사건에도 피해자와 가해자의 관계 회복을 위한 형사 조정 절차 등 '회복적 사법 절차'가 있다. 그런데 가정폭력에서는 「가정폭력 처벌법」의 목적 조항에 굳이 '가정 보호'를 넣어서 보호 대상이 피해자인지, 아니면 폭력으로 점철된 가정 그 자체인지 모호하게 만들어 두었

● 행정권의 발동은 법률에 근거하여 이루어져야 한다는 공법상 원칙. 법률 유보는 인권의 내용이나 그 보장의 방법 등의 상세한 것은 법률로 정하지 않으면 안된다는 의미의 규율 유보, 인권을 제약하는 경우에는 반드시 법률에 의하지 않으면 안된다는 제한 유보가 있다. 그래서 사람을 가두거나(신체적 기본권), 벌금을 매길(재산권) 때는 각각의 기본권을 제한하는 것이기 때문에 반드시 법률에 근거 조항을 담아야 한다.

다.● 이 법의 최상위 목적이 가정 보호라면 피해자는 자신의 고통을 축소하거나 검열할 수밖에 없을 것이다. 또한 이 모호함 때문에 피해자가 사건을 맞닥뜨렸을 때 최초로 기댈 언덕인 수사 기관이 합의를 종용하거나 가해자 처벌을 망설이면, 피해자는 죽거나 자력 구제를 하거나 둘 중 하나밖에 방법이 없다. 노인·아동·여성에 대한 폭력은 노인의 관점, 아동의 관점, 여성의 관점으로 봐야 보인다. 제대로 보고 정확히 기록해야 이 무수한 범죄가 '기타'가 아닌 '공식'이 될 수 있다.

우리는 시민의 대리인이니 필요하다면 억울한 영혼까지도 대리해야 한다. 그리고 대리하려면 필연적으로 고통을 측량해야 한다. 얼마만큼 고통스러운지. 얼마나 죽었는지. 그 정도를 알아야 법도 만들고 정책도 만든다. 반대하는 동료 시민과 국회의원을 설득해야 하기 때문이다. 범죄 통계에서 '기타'로 얼버무린 고통을 반드시 구체적으로 셈해야 하는 이유다.

● 「가정폭력범죄의 처벌 등에 관한 특례법」 제1조(목적) 이 법은 가정폭력범죄의 형사처벌 절차에 관한 특례를 정하고 가정폭력범죄를 범한 사람에 대하여 환경의 조정과 성행(性行)의 교정을 위한 보호처분을 함으로써 가정폭력범죄로 파괴된 가정의 평화와 안정을 회복하고 건강한 가정을 가꾸며 피해자와 가족구성원의 인권을 보호함을 목적으로 한다.

⌣ ⌣ ⌣ ⌣ ⌣ ⌣ ⌣ ⌣ ⌣ ⌣ ⌣ ⌣ ⌣ ⌣

삶을 통해 존재를
증명할 권리

사람의 자기 존재가 증명되는 순간은 언제일까? 자신이 이룬 개인적·사회적 성취에 의해, 주변 사람들의 사랑과 관계에 의해, 혹자는 타인을 향해 휘두르는 권력과 폭력에 의해…… 그 무엇이든 '삶'의 방식으로 존재의 의미가 만들어질 테다. 한편 '죽음'을 통해야만 존재가 증명되는 사람을 본다. 죽어서야 비로소 살았을 때의 고통에 대한 관심과 공감의 찰나가 만들어진다. 참담하게도, 여성을 포함한 사회적 약자들의 존재가 그러하다.

2022년 9월 14일 밤, 서울 지하철 신당역 스토킹 살인 사건이 일어났다. 다음 날 정부는 일제히 원인 규명 및 재발 방지 대책을 약속했다.

"관계 부처는 철저히 원인을 규명하고 재발 방지를 위해 강력한 대책을 수립하라. 여성을 상대로 한 범죄에 효과적이고 단호한 대응 방안을 적극 검토하고, 경찰과 검찰 등 관계 기관은 범죄 예방 활동과 치안 확보 노력에 총력을 기울여 달라." (한덕수 국무총리)

"치안을 담당하는 경찰청장으로서 피해자와 유가족께 깊은 애도의 말씀을 드린다. 이번 사건을 철저히 수사할 것이다. 다시는 비슷한 비극이 재발하지 않도록 법 제도 개선 등에 관해 범사회적인 관심과 지원을 부탁드린다." (윤희근 경찰청장)

"국민의 기본권인 생명과 안전을 지켜 드리지 못한 점에 깊은 책임감을 갖는다. 재발 방지책을 마련하겠다." (이원석 검찰총장)

"비극적 상황에 놓여 있는 고인이나 유족에게 무척 송구하고 죄송한 마음을 가지고 있다." (김상환 법원행정처장)

기가 막히고 의아했다. 사고가 난 때는 「스토킹범죄의 처벌 등에 관한 법률」(스토킹처벌법)이 제정되고 1년 6개월이 지난 시점이었다. 법안을 심사할 때 정부가 시행령을 준비할 시간도 6개월 부여했다.● 법 공포 뒤 시행 시기는 정부가 고의로 지연할 의도가 없는 이상 대부분 정부의 요청 사항을 반영한다. 새로운 법 제·개정에 맞춰 하위 법령을 만들고 그에 맞는 직제 개편이나 인원 충원 등을 주무 기관이 준비해야 하기 때문이다.●● 주어진 6개월의 시간 동안 형사 사법 기관과 사법부는 새로운 법 시행에 맞춰 수사 매뉴얼 재정비, 범죄 유형 분석, 통계 관리 등 후속 조치를 했어야 했다. 이 관계 기관들은 무얼 했나. 왜 이리 아무런 준비가 돼 있지 않았을까. 그래놓고 이제 와 어째서 이렇게 뒤늦은 사과를 하나.

피해자로부터 최초로 스토킹 사건을 신고 받은 경찰은 1차 구속영장을 신청했다가 기각되자, 피해자가 2차로 신고한 뒤에는 영장 신청을 하지 않았다. 경찰은 이에 대해 "영장 신청하면 기각될 것 같아서"라고 답변했는데 그 답변이 영 미심쩍어서 검찰 출신 변호사에게 자문을 구하니 "수

● 법이 국회에서 방망이 세 번 쳐서 가결된다 해도 즉시 시행되는 것은 아니다. 모든 제·개정법의 하단에는 부칙을 달고 '이 법은 공포 후 ○○개월이 경과한 날로부터 시행한다'는 규정을 하도록 되어 있고, 이 시행일이 곧 정부가 시행령(=대통령령)을 만들어야 하는 시한이라고 할 수 있다.
●● 시행 시기는 통상 6개월을 부여하는데, 정부가 이해관계자와의 조율 등으로 도저히 그 기간 안에 시행령을 만들기 어렵다고 하면 국회와의 협의 하에 1년~1년 6개월을 부여하기도 한다. '김영란법'(「부정 청탁 및 금품등 수수의 금지에 관한 법률」)이 그런 경우였다.

사 중 재범은 반드시 구속 사유에 해당되는데도 경찰이 영장을 미신청한 것은 형사 사법 실무를 전혀 이해 못한 것"이라고 했다. 실례로 범인이 피해자 집에 찾아가 초인종을 몇 차례 눌렀는데 그것만으로 '수사 중 재범'으로 구속된 적도 있다. 경찰은 스토킹이 신고될 때 반드시 구속영장을 신청해야 했고, 설령 기각되더라도 사정 변경(피해자에 대한 위해 우려)을 통해 영장을 재신청했어야 했다.

의원실에서 경찰청에 자료를 요구해서 확인해 보니 경찰에게 신변 보호를 요청한 범죄 중 1위가 바로 스토킹이었다.● 법 시행 직후 2021년 10월 21일부터 '스토킹' 유형이 통계에 들어왔는데, 통계에 잡히자마자 1위가 됐다. 이런 지경이니 경찰청의 누구라도 이 데이터를 보면서 심상찮게 여겨야 했다. 더구나 알려진 것처럼 신당역 스토킹 살인 사건 피의자의 혐의는 불법 촬영 및 촬영물을 이용한 협박을 동반한 스토킹이었기 때문에 촬영물 유포를 막기 위해서라도 가해자 인신 구속은 필수였다. 그럼에도 경찰이 영장을 신청하지 않은 것은 스토킹을 여전히 '가벼운 범죄'로 봤기 때문이라는 것 외의 해석은 불가능하다.

법원도 마찬가지다. 스토킹 범죄가 피해자 위해 위험성이 크고 살인까지 이어질 수 있는 중대한 범죄임이 밝혀

● 2022년 1~8월 신변 보호를 요청한 범죄 총 1만8,806건 중 스토킹 4,266건·성폭력 3,899건·가정폭력 3,443건·데이트 폭력 2,143건.

졌음에도, 스토킹처벌법이 제정되고 지금까지 법 해석과 집행에 법원의 노력이 보이지 않았다. 가해자는 지난 3년 간 피해자에게 350여 차례나 연락하고 불법 촬영물 유포 협박을 지속했다. 그럼에도 법원은 '거주지가 일정하고 도주 우려가 없다'는 이유를 들어 영장을 기각했다.

왜 법원은 가해자의 거주지가 일정하다는 것만 보고, 피해자의 거주지 또한 그러하다는 것을 고려하지 않았을까? 스토킹은 친밀한 관계에서 일어나는 경우가 약 75퍼센트로 대부분을 차지하기 때문에●● 가해자는 피해자의 집·회사·전화번호뿐 아니라 주민등록번호·계좌번호·가족관계·당사자와 가족의 동선까지 알고 있을 확률이 높다. 피해자가 일하는 사무실에 대뜸 전화를 걸거나, 퇴근하는 시간에 맞춰 버스정류장에서 기다렸다가 집으로 쫓아오는 경우도 다반사다. 스토킹 범죄의 특성을 법원이 학습하고 이해했다면, 피해자의 일정한 거주지를 가해자가 정확히 안다는 것만으로도 「형사소송법」 제70조의 구속 사유 중 "재범의 위험성, 피해자 및 중요 참고인 등에 대한 위해 우려"가 구속영장 인용의 근거가 될 수 있음을 알았을 것이다.

스토킹처벌법은 1999년 처음 법안이 발의될 때부터

"단순한 애정 표현이나 구애와 구분하기 어렵다"●는 이유로 내내 반대에 부딪혔다. 폭력을 '구애 행위'라 부르며 넌지시 낭만까지 얹었다. 철저히 가해자의 시선이다. 그러니 처벌 또한 경범죄로 분류돼 10만 원 이하 벌금이나 구류, 과태료 처분만 받았다. "(가해자가 피해자를) 좋아하는데 그걸 안 받아 주고 하니까 여러 가지 폭력적인 대응을 남자 직원이 한 것 같은데요. 서른한 살의 청년입니다, 서울 시민이고. 서울교통공사 정도를 들어가려면 나름대로 열심히 사회생활과 취업 준비를 했을 우리 서울 시민의 청년일 겁니다." 서울시의원이 시의회에서 했다던 이 발언과 정확히 일치하는 세계관이다.

「스토킹범죄의 처벌 등에 관한 법률」은 최초 발의 이후 22년 만인 2021년 10월에야 어렵게 통과됐다. 법 통과 전까진 피해자가 신고해도 피해자가 맞거나 협박과 강요를 당해야만 처벌이 가능했다. 가혹하게도 피해자가 숨지기 직전까지 가야 국가 공권력이 작동될 수 있었다. 공권력은 이런 때만 '비례의 원칙·과잉 금지 원칙'을 적용한단다. 이 원칙은 목적과 이를 실현하려는 수단 사이에 합리적인 비례 관계가 있어야 한다는 뜻인데, 그대로 적용하면 스토킹처벌법은 "피해자를 보호하고 건강한 사회 질서의 확립

● 2020년 7월 국회 법제사법위원회 검토 보고서.

에 이바지"하는 목적의 실현 측면에서 경범죄 이상의 처벌은 과하다는 의미였다. 왜? 스토킹은 '구애 행위'와 구분하기 어려우니까. '죽어야 사는 여자'라는 영화 제목이 저절로 떠오른다.

> "역 근무 제도를, 사회복무 요원을 재배치하고 특히 여직원에 대한 당직 폐지를 줄이는, 그런 다양한 방법을 통해서 근무 제도를 바꿔 나가겠습니다."(김상범 서울교통공사 사장)
>
> "이번 사건에 대해서 제가 정말 가슴 아픈 것은 살해된 피해자가 여성가족부의 다양한 상담이라든가 주거나 여러 가지 법률 지원을 받고 자기 자신을 얼마나 보호할 수 있는지에 대해서 충분한 상담을 받았다면, 자신을 보호하는 조치를 훨씬 더 강화했을 것이기 때문에 이렇게까지 비극적인 사건으로 가지 않았을 거라고 생각하기 때문에⋯⋯"(김현숙 여성가족부 장관)

사건 직후 국회 여성가족위원회 '스토킹 피해자 보호 체계 점검을 위한 현안 보고' 자리에서 나온 발언들이다. 공직 유관 단체는 해당 기관에 성폭력 관련 범죄가 발생했을 때 여성가족부에 통보해야 할 의무가 있다. 서울교통공사는 통보 책임을 다하지 않았다. 그래놓고 내놓은 '재발 방지' 대책은 '여직원 당직 폐지'였다. 미투 운동의 파도가 휩쓸고 간 자리에 어김없이 '펜스 룰'●이 등장했던 것과 똑같은 대처다.

젠더폭력 피해자 보호의 주무 부처인 여성가족부 장관은 피해자가 마치 자신을 보호하는 조치를 하지 않아 생긴 일인 양 피해자에게 책임을 전가했다. 국회 상임위장에서 장관의 이 얘기를 직접 듣고도 내가 맞게 들었는지 의심스러워 그날 저녁 속기록을 뒤져 봤을 정도다. 이제까지 보수 진영에서 피해자 권리가 아닌 피해자 보호주의만을 강조해서 문제된 적은 있었어도 책임을 피해자에게 떠넘기는 건 처음 봤다. 제발 피해자를 두 번 죽이지는 말자. 공직자의 역할·직무·책임·윤리까지 갈 것도 없다. 인간된 도리로라도, 제발 그러지 말자.

여성을 동료 시민이 아니라 소유물 또는 성적 대상으로만 보고, 수사 기관은 폭력을 애정으로 오독하며, 그마저도 피해자 여성에게 문제의 원인을 찾고 책임을 전가하는 인식. 이게 바로 여성에 대한 차별 의식이고, 이것이 우리 사회에 널리 퍼져 있다. 폭력을 폭력이라 부르지 않았던·

● 성폭력 관련 문제 제기가 강화되면서 남성/결정권자들이 여성의 존재 자체에 문제를 돌리고 회식이나 출장도 남자 직원끼리만 하고 여성은 채용조차 하지 않으려 하는 행태를 가리킨다. 마이크 펜스 미국 부통령의 2002년 발화에서 나온 말이다.

못했던 이 낡고 오래된 인식을 '구조적 성차별'이라 명명한다. 현 정부가 줄기차게 주장한 "구조적인 성차별은 없다. 차별은 개인적 문제"라는 입장은 우리 사회에 눈앞에서 벌어지는 폭력적인 현실조차 외면해도 괜찮다는 신호를 줬다. 이미 폭력으로 한 번 죽은 여성이 폭력을 부정하는 국가와 사회에 의해 두 번 죽고 있다.

인화성이 큰 사안은 휘발성도 강해 금세 공중으로 흩어진다. 이미 종합 일간지 정치면과 사회면에서 스토킹 사건은 사그라지고 있다. 우리 방에서는 서둘러서 스토킹처벌법을 보완했고, 「스토킹방지 및 피해자보호 등에 관한 법률」(스토킹방지법)을 만들었다(이전까지 스토킹처벌법만 있었고 피해자 보호법은 아예 없었다). 스토킹처벌법은 피해자가 오랫동안 바랐던 반의사불벌죄 조항을 삭제하는 안 중심으로 개정됐고, 「스토킹방지 및 피해자보호 등에 관한 법률」은 스토킹 범죄의 실태 조사, 범죄 예방 및 방지를 위한 국가 기관 등의 교육을 담았다. 이 법으로 인해 스토킹처벌법 시행 9개월 만에 5,400여 건 처분된 스토킹 행위가 비로소 국가 공식 실태 조사로 분석되고 예방 자료로 쓰이게 될 것이다. 이제야 이 폭력이 '공식'이 되었다. 신당역 사건 직후 국회 차원에서 긴급하게 사건 현장에 가고, 경찰청·법무부·여성가족부 등의 관계 기관을 불러서 왜 사건 예방을 못했는지 현안 질의를 하고, 서둘러 법안도 만들며 내내 꽉 잠겨 있던 눈물이 법안이 의결되는 것을 보고서야 흘러 나왔다. 뒤늦은 애도였다.

사실 여야가 정치 이슈로 첨예하게 대립할 때 상임위 원회장에서 젠더 이슈로 질의하면 장내에 정적이 도는 경우가 있다. '(이런 상황에서) 저 의원은 왜 저걸 질의하지?' 라는 뜬금없다는 마음의 소리가 공기에 묻어 나오는 것일 테다. 그러나 사람이 죽지 않은 평시에 이런 질의를 해서 정부 부처가 제대로 이행하고 있는지를 들여다봐야 사람이 죽는 전시 사태를 예방할 수 있다고 믿는다. 그것이 피해자를 죽지 않게 하고, 죽음을 통해서만 존재를 증명하게 하지 않는 방법이라 믿는다. 여성을 비롯한 사회적 약자가 평범한 일상을 살게 하는 시간은 바로 지금이어야 한다.

K-불평등 시대,
대표 없는 자들을
대리하기 위하여

도배사들이 우리 집 도배하는 것을 내내 지켜본 적이 있다. 내가 비켜 드려야 훨씬 일이 수월하실 텐데 도배지 자르는 사람·풀 바르는 사람·도배지 붙이는 사람의 기가막힌 분업에 넋을 잃고는 시간 가는 줄 모르고 참관(?)했다. 반나절 정도의 수고에 방이 하나씩 완전히 달라지는 모습에 푹 빠져들었다. 눈으로 확인되는 구체적 기쁨이었다. 노동 이전과 이후가 확연히 달라진 세계, 이를 통해 상대에게 '만져지는' 행복감을 주는 일, 도배사들을 보며 내 직업으로도 그런 일을 할 수 있으면 좋겠다고 생각했다.

내가 만드는 법은 그 법의 대상에게 기쁨일까 아닐까.

오래된 불안이다. 그도 그럴 것이 법 조문을 넣고 빼고 하면서도 이 법에 영향받을 사람들의 삶에 플러스가 될지 마이너스가 될지 가늠되지 않을 때가 너무도 많다. 분명 좋은 취지로 만든 법안이었지만 실제 이 법이 사람들의 삶에 도달될 때에는 어떤 얼굴로 가닿을지, 삶에 어떤 변화라도 생기긴 하는지, 역효과는 없을지 고민이 안 될 수 없다. 판단이 잘 서지 않을 때는 길거리 지나가는 누구라도 붙잡고 물어보고 싶은 심정이다. 국회에서 토론회를 열거나 SNS로 시민에게 직접 물어 가며 고민을 보충하지만, 발이 땅에 닿지 않는 것 같은 느낌이 싹 가시지 않는 때가 있다. 청년 정치가 슬로건과 구호로만 존재하고 법적 실체가 없던 때가 그러했다. 매일 묻고, 매일 답하고, 매일 틀렸다.

한국 사회의 민주주의는 사회적 약자가 '기본법'의 이름으로 당사자의 권리와 국가의 책무를 새로 쓰며 성장했다. 노동자(「근로기준법」 1953년 제정)·청소년(「청소년기본법」 1991년 제정)·여성(「여성발전기본법」 1995년 제정)·난민(「난민법」 2012년 제정)에 이어 2020년 「청년기본법」이 제정됐다. 청년들이 권리를 보장받을 법은 있다. 그러면 권리를 실현시킬 국가와 사회는 있나? 청년에게 국가와 사회는 기댈 언덕이 될 수 있나? 이 글은 청년의 권리를 보장할 국가·사회의 명문화된 책임과, 내 삶을 나만이 구할 수 있다는 즉자적 생존 감각 간의 멀고 긴 거리를 가늠해 보는 좌표다.

19대 국회(2012~2016년)에서 최초의 청년 비례대표 장하나 의원실에서 일했다. 장하나 의원과 우리 방 보좌진들은 임기 4년 내내 청년 국회의원은 누구를 대리해야 하는가를 물었다. 세대 대표성이라기엔 청년을 나이로 무 자르듯 나눌 수 없고(만 34세는 청년이고 35세는 장년인가?), 세대 동일성으로 묶기엔 청년 내부의 젠더·계층 간 차이를 외면할 수 없었다. 그렇다고 청년은 노동조합이나 장애인 단체처럼 강한 조직이 있는 것도 아니어서 어떤 상대와 대화를 나눠야 하는지도 불분명했다. 직능 대표, 노조 대표 등의 대표자들과 면담하고 법안을 만드는 소위 '국회의 기본 문법'이 안 통한다는 의미이다. 대표 없는 자들을 대리하는 모순과 직면하는 것부터 해야 했다.

청년들을 대표자를 통해 만날 수 없다면 '무턱대고' 만나는 수밖에 없었다. 대신 고소득·정규직 청년보다는 일을 해도 해도 삶이 나아지지 않는 '워킹 푸어' 청년을 만났다. 구석구석 청년을 찾아다녔다. 얘기를 들을 때 내가 세운 원칙은 이랬다.

① 성별·지역·학력·나이·종사상 지위 등을 다르게 하여 최대한 다양한 상황의 청년을 만난다.

② 국회로 부르는 것이 아니라 직접 찾아간다.

③ 만남은 최소 두세 시간, 한 번 이상 만나서 생애사적 얘기를 듣는다.

보통 대표 있는 단체 소속의 사람을 만날 때는 30분~1시간 정도의 시간을 쓰고 장소도 당연히 국회다. 그런데 그렇게 하면 대개 올 사람만 온다. 대낮에 하루를 비워서 국회로 올 수 있는 사람은 그 자체로 그나마 나은 처지일 수 있다. 그러니 국회가 뭐에 쓰는 물건인지조차 모르는 사람에게는 찾아가서 장시간에 걸쳐 듣는 것만이 능사라 생각했다. 그래야 삶의 위기 국면 곳곳에 있어야 했지만 결국은 없었던 국가와 사회의 역할을 찾아낼 수 있을 터였다.

"제가 이렇게 된 거요? 제 잘못이 제일 크죠. (……) 제가 조금만 편리함을 포기하고 고시원에 산다면 인강 한 개는 들을 수 있는데." (D, 21세, 현 실업, 전 영화관 아르바이트)

"요즘 20대의 특징은 이건 거 같아요. 세상 탓을 안 하고,

자기 탓을 해요." (K, 27세, 현 실업, 전 게임회사 재직)

"내가 힘을 키워야겠구나, 이런 생각이 들어요. 왜냐하면 나도 그 상위 계층에 속하면, 불편한 게 없는 세상이니까. 내가 하위 계층에 속하면 불편하지만, 내가 그 1퍼센트 안에 들면 나한테도 적용되는 혜택이니까. 그런 생각이 들어요."(O, 25세, IT 관련 상담업)

경쟁에 시달리고 좌절이 반복되면 내가 나를 미워하고 버리기 쉽다. 내가 만난 청년들은 모두 자기 탓을 했다. OECD 국가 중 우리나라가 자살률 1위이고 그중 청년층의 자살이 크게 늘었다는 보도는 이제 놀라울 것도 없는 익숙한 뉴스다. 설상가상으로 2022년에는 청년층의 자살 시도가 전년 대비 20퍼센트 정도 늘어났다. 살아서 무엇을 할까가 아니라 어떻게 죽을까를 고민하는 청년들 앞에서 정치는 너무 한가하고 한심했다.

이전까지 청년 관련 법은 「청년고용촉진 특별법」밖에 없었다. 일을 해도 가난한 청년이 수두룩함에도 법의 개념에서는 모든 청년 문제의 원인으로 청년 실업을 지목했다. 따라서 국가의 의무 역시 직업 능력 개발 훈련을 통한 고용촉진으로 한정됐다. 진단과 처방이 모두 잘못된 정책 실패다. 이러한 기저에는 '젊다는 게 자산인데 건강한 몸으로 벌면 되지!'가 깔려 있었다(너무나 '어른들'의 관점 아닌가). 그러다 보니 체감되지도 않는 일자리 숫자 경쟁이 곧 청년 정책의 전부인 양 발표되었고, 이마저도 정부가 3년간 만들겠다는 일자리 20만 개중에 12만5천 개가 인턴이나 일·학습 병행제, 직업 훈련 등이었다(2015년 7월 '청년 고용 절벽 종합 대책'). 우리 방은 이 정책을 대량 인턴만 양산한다 하여 '10만 양턴설'로 불렀다.

청년의 삶을 어렵게 하는 게 어디 일자리뿐일까. 이 나라에서 이삼십 년간 살면서 국가나 사회로부터 존중받은 기억은 희미한데 밖에선 차별과 불공정을, 안에선 집이 아니라 방에 사는 불안정(하나짜리 방을 나가면 바로 밖)을 견뎌야 하는 것이 현재의 청년이다. 삶이 곧 비용인 시대에 살면서 기댈 언덕 하나 없으니 '차라리' 밤새우고 경쟁해서 내 몫이라도 내가 챙겨야겠다는 생존 감각만 날카로워진다.

청년들을 만나 들은 얘기를 분석해서 「워킹 푸어 청년들의 노동 경험과 정책 대안」 보고서를 썼고, 기자 간담회를 열어 세부 내용을 브리핑했다. 당 지도부에도 보고했다. 이런 과정을 토대로 「청년기본법」을 만들었다.● 법을 만든

● 이 기록은 2015년 8월 24일 자 『한겨레21』에 자세히 실렸다. "청년, 빈곤의 미로에 갇히다"

방향은 두 가지였다. 하나는 최소한 자기 탓을 하지 않고 권리의 언어로 사회에 요구할 수 있도록 하는 것. 다른 하나는 취업 시기만이 아니라 청년들의 생애 주기마다 기댈 언덕을 만드는 것. 그리하여 청년 정책이 임의성·단발성 접근을 넘어 '국가 시책'이 될 수 있도록 법안을 만드는 데 집중했다. 「청년기본법」은 청년이 겪고 있는 어려움이 정책 실패의 결과임을 인정하고, 청년이 직면한 일자리·주거·채무 문제 등을 종합적으로 고려하는 정책 패러다임의 전환을 이루었다. 또 청년을 '발전'의 대상이라기보다는 '권리'의 주체로 바라본다는 점에서 기존 법안과는 출발부터 달랐다.•• 이후 「청년기본법」은 여러 풍파를 겪으며 2020년 1월 9일 본회의 통과되었다.

이제 청년기본법 초안이 만들어진 이후 10여 년이 지났다. 그간 청년 관련 법과 정책은 어떤 평가를 받았을까? 청년 정책이 여전히 일자리·취업 지원 정책에 집중돼 있고, 그나마 취업 프로그램도 사회 변화를 따라가지 못하며, 취약 계층 청년에 대한 정책적 고려가 미흡하다는 평가이다.••• 만들어진 법이 어떤 청년에게 구체적으로 무엇을 지원해야 하는지 여전히 갈피를 못 잡고 있다는 얘기다. 기

•• 2015년 8월 18일 자 『한겨레21』, "제1장 청년의 인간다운 삶을 누릴 권리를 보장함으로써"
••• 국가인권위원회, 「빈곤청년 인권상황 실태조사」(2019); 전경숙, 「청년기본법 제정의 의의와 청년정책의 방향성 고찰」(입법과정책, 2021)

본법은 그야말로 기본이 되는 법률이기에 구체적 내용을 담지 못한다. 그 구체성의 빈 공간은 정치가 메워야 한다. 결국 이 법은 '만져지는 기쁨'은 고사하고 가장 필요했을 취약한 청년에게 가닿지도 못했다.

특히 청년 내부의 계급 차이가 심각해 일을 해도해도 가난한 청년의 비율이 점점 늘고 있었다. 그럼에도 청년층의 경제적 곤란은 일시적이고 잠정적인 것으로 간주되기 일쑤였다. 빈곤 취약 계층으로 대표되는 노인과 장애인보다 빈곤 연구나 정책 대상으로서의 우선순위가 크게 떨어졌다.

그리고 이 또한 서울·수도권 중심이었던지라, 2010년 이후 청년에 대한 보도는 쏟아졌지만 지방대생 이야기는 전체 내러티브의 양념처럼 소비되곤 했다. 인구감소와 서울 소재 대학 집중으로 정원 미달 및 폐교 위기에 처한 지방대, 취업할 곳 없는 지방대생 등의 헤드라인이 간간이 눈에 띄었을 뿐이다. 10년 이상 지방대에서 사회학을 가르치며 지방대 학생을 관찰·분석한 내용을 담은 책『복학왕의 사회학: 지방 청년들의 우짖는 소리』의 저자 최종렬 교수는 지방대생은 경쟁에 뛰어들어 봐야 실패할 것이 뻔하다고 생각해 시도조차 하지 않고, 설사 경쟁에 뛰어든다 해도 느슨하게 하며, 경쟁 과정과 결과에 대해 서로 거의 말하지 않는다고 한다. 저자는 '성찰적 겸연쩍음'이라는 말로 지방대 청년들의 심상을 분석한다. 이것은 승자 독식의 신자유주의 경쟁 체제 아래에서 '단군 이래 최대 스펙'을 갖추며 자기계발에 몰두하는 경제 인간으로서의 청년상이 철저하게 서울·수도권 중심의 논의였음을 의미한다. 이렇게 경쟁 못하는 빈곤 청년과 경쟁 않는 지방대생(두 집단은 겹쳐지기도 하고 아니기도 하다)은 정치 영역에서 제대로 조명받지 못한 채로 특정 청년들의 과잉 대표 속에 조용히 머릿수로만 동원되었다.

생태·인권·젠더는 관점perspective과 감수성sensitization으로 드러난다(예: 생태적 관점, 생태적 감수성). 관점은 세상을 보는 렌즈이겠고, 감수성은 그 렌즈를 장착한 자의 감각과 태도다. 강자와 약자의 권력관계에 대한 인지, 사회적 약자에 대한 태도, 공존의 감각 등을 포괄하는 개념이다.

청년 역시 관점과 감수성으로 접근해야 한다. '청년 관점' '청년 감수성'이 필요하다. 생태주의적 관점이 자연을 잘 가꾸는 것만이 아니라 생명 파괴적인 사회적·경제적·정치적 질서에 대한 구조적 문제 제기인 것처럼, 청년 관점이란 청년의 입장에서 우리 사회의 사회경제적이고 일상적인 구조 개혁을 해야 함을 의미한다. 사회 구조에 손대지 않으면 청년 문제도 풀릴 수 없다. 그런데 우리 사회는 자꾸 청년을 '이슈'로 대한다. 이슈는 사건event이고 사건은 인화성이 높은 만큼 휘발성도 높다. 제기되는 문제의 원인은 방치한 채 결론 혹은 표면만 취한다. 그러니 청년을 호명한 정치가 휩쓸고 간 자리에는 아무것도 남지 않는다. 이것이 지난 10년간 우리가 반복해 온 청년 정치의 역사다.

대통령 선거 시기 여야 대선주자들은 청년들에게 매달 혹은 매해 얼마씩 지원한다는 공약만 나열했다. 청년이 처한 문제에 대한 해법을 그렇게 일회적·시혜적으로 접근해도 될까? 이는 「청년기본법」이 말하고자 했던 '권리 주체로서의 청년'과 정확히 반대 방향이다. 정치권에서 맨날 만들어지는 청년 TF는 이미 "이 청년 TF 또한 지나가리라"● 로, 내용 없는 정체가 간파당했다. 자꾸 그렇게 '단타 치기'로 청년 정책을 만들면 정치 자체가 청년들에게 '손절' 당하게 될 것이다.

이슈가 아닌 관점으로서의 청년은 해법을 단기 처방으로 찾지 않는 데서부터 시작된다. 권리 주체로서의 청년이 우리 사회에서 제대로 된 시민권을 행사할 수 있도록 사회구조적인 전망을 재정비해야 한다. 새로운 청년 세대가

● 김선기, 『한겨레』 칼럼, 2021년 5월 13일.

경험하는 우리 사회는 세습 자본주의와 그로 인한 문화 지체로 점철되어 있다.

한편, 더불어민주당에선 대통령선거와 지방선거 전후로 '586세대 용퇴론'을 제기하는 흐름이 있다. 아이러니한 것은 2022년 8월 전당대회를 앞두고 586세대 용퇴론이 '97세대' 등장에 강력한 명분으로 기능했다는 사실이다. '586세대 vs 청년' 구도를 형성하니 비판의 과실이 엉뚱한 대상에게로 갔다. 세대론으로 비판하는 순간, 단일한 집단으로 청년은 뭉뚱그려진다. 청년 내부의 이 무수한 불평등은 또다시 가려지게 될 것이다.

토마 피케티 교수 등이 참여한 「세계 불평등 보고서 2022」에서 한국의 상위 1퍼센트는 소득의 14.7퍼센트를, 상위 10퍼센트는 46.5퍼센트를 차지하며, 상위 10퍼센트의 소득이 하위 50퍼센트 소득의 14배에 달한다. 이는 프랑스(7배)·이탈리아(8배)·영국(9배)·독일(10배)보다 큰 격차다. 가히 'K-불평등'의 시대다. 이런 시대에 586세대 논쟁, 97세대 논쟁은 무용할 뿐만 아니라 불평등을 치유할 전망을 가로막는다는 점에서 유해하다. 세대론 대신 경제 민주주의 시스템을 경쟁하자. 청년에게 '만져지는' 정책 대안을 경쟁하자.

∪ ∪ ∪ ∪ ∪ ∪ ∪ ∪ ∪ ∪ ∪ ∪ ∪

'동물원법' 10년사,
좀 더 나은 세계로
가고 있다는 믿음

어느 주말, 『사로잡는 얼굴들: 마침내 나이 들 자유를 얻은 생추어리 동물들의 초상』이라는 책에 내내 매여 있었다. 온갖 위험 상황에서 가까스로 구조돼 생추어리(동물 보호 시설)에서 사는, 지금은 늙고 병든 동물들의 얼굴을 담은 사진집이었다. 반려 동물을 제외하고, '동물의 노년'이란 우리의 현실에서 형용모순에 가깝다. 동물에게 늙음은 허락되지 않는다. 나이든 동물이라는 존재를 볼 수 없게끔 된, '동물'이 '고기'여야만 의미를 갖는 공장식 축산 시스템이 전면화된 사회 구조 탓이다. 이 책의 작가 이사 레슈코는 동물이 놀라지 않도록 오랜 시간 진흙과 동물 배설물이 가득한 바닥에 엎드려 기다렸다가 편안한 분위기가 되면 조명 없이 자연광으로만 사진을 찍었다. 인간의 노화는 깊은 주름·흰머리·검버섯 같은 것들로 식별할 수 있지만 늙은 돼지·늙은 염소·늙은 말은 난생처음 봤으니 그들의 늙음의 표식을 사진 설명에 의지하며 더듬더듬 알아봤다.

인간의 요양원과도 같은 '생추어리'에서 나이 들 자유를 누리는 동물들의 얼굴을 살피며 거기 깃든 세월을 봤다. 개체의 존엄이란 그 존재가 겪는 시간성과 감정을 고유한 것으로 인정하고 그것을 얼마나 존중하는지에 달린 듯하다. 동물에게 시간성을 부여하니, 호모사피엔스처럼 각 동물종에 고유의 생로병사와 희로애락이 있었겠구나 싶다. 보는 눈이 달라졌다. 문자 그대로 눈이 열리는 순간이었다.

2022년 동물과 관련한 역사적인 법 개정이 있었다. 11월께 「동물원 및 수족관의 관리에 관한 법률」(동물원수족관법) 전부개정안과 「야생생물 보호 및 관리에 관한 법률」(야생생물법)이 본회의에서 통과됐다. 이제까지 동물원은 등록제여서 일정 요건만 갖추면 자유롭게 개업할 수 있었는데 개정법에선 보다 엄격하게 허가제로 바뀠다. 또 종별로 사육 기준을 다 달리 마련하고 동물원 환경을 점검할 전문 검사관 제도를 도입했다. 동물에게 불필요한 스트

레스를 주는 체험과 쇼도 금지됐다. 동물의 정신적 고통과 감정이 인간의 법률에 처음 기입되는 순간이다! 이전까진 학대당하는 동물에 대한 가혹 행위를 금지하는 「동물보호법」이 있었지만 상해 여부가 증명되지 않으면 동물을 때려도 처벌되지 않았다.

　이 법은 2013년 발의된 '동물원법'에서 시작됐다. 전국 방방곡곡에 수많은 동물원·식물원·수족관이 있지만(정부 공식 통계가 없어 이런 뭉뚱그린 표현밖에 못한다) 지자체가 운영하는 곳은 '문화 및 집회 시설' 용도를 규정하는 「건축법」에 규정됐거나 「도시 공원 및 녹지 등에 관한 법률」에 따라 '공원 시설'로 분류됐다. 민간이 운영하는 경우에는 「관광진흥법」에 따른 전문 휴양업이나 「박물관 및 미술관 진흥법」에 의한 문화 시설로 설립·운영됐다. 실제 살고 있는 동물의 안녕은 안중에도 없고 동물원은 그저 단순한 건축물이거나 공원이거나 관광지였다는 의미다. 동물원을 운영하는 사람 입장에서 동물은 사유재산이고, 관람하는 사람 입장에선 장난감 이상도 이하도 아니었던 것이다.

　동물원의 동물이 나쁜 사육 환경으로 폐사하거나 이상한 반복 행동(정형 행동)을 하는 것은 너무나 당연한 귀결일 수밖에 없다. 죽거나 미치거나. 너무 많이 번식하거나 전시용으로 가치를 잃어 매각 대상이 된 동물, 즉 '잉여 동물'로 분류되면 도축장으로 팔려 가기도 했다. 이는 2015년 서울대공원에서 실제 일어난 일로, 사슴과 흑염소 43마리가 도축장으로 이송되는 것을 동물 보호 단체가 발견하여 긴급 구조한 적도 있다.

"동물을 학대하는 사회는 약자에 대한 폭력을 수용하는 사회"다. 2013년 '동물원법'을 발의한 장하나 전 의원의 말이다.● 강간죄에서 '폭행·협박에 대한 최협의설'이라 부르는 시각이 있다. 형법상 강간이 인정되려면 가해자로부터 폭행 또는 협박을 당하고, 그것이 '저항이 불가능하거나 현저히 곤란한 정도'여야 하므로, 피해자가 적극적으로 저항했다는 증거가 있어야 죄가 성립된다는 것을 뜻한다. 이는 결국 피해자를(또는 피해자만) 심문하도록 만드는 관점이므로 법 개정 운동이 지속되고 있다. 다시 앞에 썼던 문장을 나란히 둔다. 이번 동물 관련 개정법의 통과 전까진 '상해'가 증명되지 않으면 때려도 처벌되지 않았다.

그래서 우리는 동물권에 진심일 수밖에 없었다. 당시 장하나 의원실에는 헌정사상 전무했고 10여 년이 지난 지금도 아주 드문 '동물권 전담 보좌진'이 있을 정도였다. 다른 의원실 보좌진은 우리 방을 신기해하면서도 너무 순진

● 2016년 7월 8일 자 『미디어오늘』, 「사람도 살기 힘든데 동물 복지가 웬 말이냐고?」

하다고 비아냥대기도 했다. 그치만 사회적 약자를 대리하는 정치를 하고자 했던 장하나 의원과 우리 방 보좌진들에게 '동물권'이란 '사회적 약자'와 동의어였다.

사실 우리 사회는 동물에 대한 감수성이 빠르게 학습되고 있었는데 국회가 가장 늦었을 뿐이다. 당시 가장 큰 이슈였던 남방큰돌고래 '제돌이'의 귀환으로 시민은 불법 포획, 돌고래 쇼라는 이름의 학대, 사육·전시 시스템 등의 문제를 낱낱이 알게 됐고 제돌이는 전액 시민 모금으로 제주 바다로 돌아갔다. 이는 사회적 합의에 따라 돌고래를 바다로 방류한 세계 최초의 사례여서 전 세계 동물권 활동가와 학자들에게 관심의 대상이 되기도 했다.

한편 동물원·수족관을 운영·관리하는 이해 관계자들은 민첩했고 목소리가 컸으며 그들을 대변해 줄 국회의원을 움직이는 방법도 잘 알았다. 그러니 시민의 목소리보다 이해 관계자의 의견이 과잉 대표돼 그것이 마치 절대 다수인 듯 국회 내에 전해졌다. 여러 반대를 뚫고 가까스로 마련된 공청회(제정법은 법안 심사 전 공청회를 열어 전문가의 다양한 의견을 들어야 하는 절차가 있다)를 잘 치르려고 의원실에서는 동물원법의 쟁점과 사실 자료·외국 사례·정부의 역할·대안 등을 작성해 여러 의원실에 보내고 동물원법 제정에 힘을 보태 달라는 요청을 했다. 동물 단체들도 전국 곳곳의 동물원과 수족관에 잠입해서 그곳에서 발견한 처참한 사육 환경 실태를 국회와 언론에 제보했다. 우리 방의 동물권 담당 박현지 비서관도 잠입 취재에 함께했다(이후 그는 환경정책대학원에 진학했다). 바닥에 엎드려 가만히 동물의 얼굴을 찍었던 이사 레슈코 작가와 같은 마음이었을 것이다.

　이런 노력의 결실로 '동물원법'이 만들어졌다. 동물원법은 국회 환경노동위원회에서 3년간 공전을 반복하다가 제19대 국회 마지막 본회의에서 가까스로 가결됐다. 이 법 통과로 1909년 창경원이 개장한 이래 100여 년간 법의 사각지대에 있던 동물원과 수족관이 드디어 법의 테두리 안에 놓이게 됐다. 이런 벅찬 순간 때문에 국회에서 일하는구나 싶었다.

　그러나 법안 심사 과정에서 동물 복지 관련 내용이 많이 빠졌고, 결국 제정안에 정부의 의무가 누락되었다. 안타까웠지만 일단 틀거지만 만들어 놓으면 개정은 법 제정에 비해 한결 수월하니 그건 다음 사람의 몫으로 두자 싶었다. 그렇게 하여 다시 개정된 것이 이번에 통과된 법안이다. 이렇게 10년이 걸렸다.

이 글을 쓰느라 '동물권'이라는 키워드로 검색했더니 외장하드에 있던 의정 활동 기록에서만 2,096개 파일이 나왔다. 제19대 국회 내내 만들었던 무수한 기자 회견·현장 조사·보도 자료·법안 관련 자료들이다. 그리고 제20대, 제21대 국회에서 우리 다음 의원실들이 또 그만큼의 자료를 만들고 부처 공무원 및 이해 관계자와 숱하게 씨름하며 여기까지 왔다.

지금 우리에게 필요한 것은 단 하나, '세상이 나아질 수 있을까'라는 근본적인 물음에 대한 답변이다. 마땅히 존엄이 있어야 할 곳에 차별과 혐오가 들어앉아 마치 본래의 자리인 양 행세하고 있으니, 도대체 어디서부터 무엇이 잘못됐는지 살피기도 어려워졌다. 우리가 동료 시민으로 함께 살고 있다는 공통의 감각이 이리도 쉽게 무너지는 걸 목격하다니. 나날이 엉망을 갱신하고 있다는 분노가 외부로 발산되다 그것마저 힘에 부치니, 이제 시민은 각자의 내면을 공격하는 우울감에 시달리고 있는 것 같다.

그러나 우회와 경로 이탈을 반복했어도 걷다 보니 전체적으로는 좀 더 괜찮은 세계로 이행해 가고 있는 듯하다. 앞머리에 인용한 사진첩에 담긴 시간성은 동물에게서 시작돼 다시 나에게, 우리에게로 향한다. 일희일비하고 좌고우

면하면서도 걷기를 멈추지만 않는다면 역사의 긴 호흡 속에서 나아져 있을 것이다. 분명한 건, 세상은 바뀐다는 사실이다. 우리가 지금보다 나은 세상에 대한 기대를 부여잡고 있는 한.

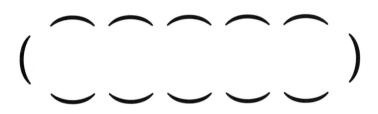

2부

키오스크 앞에서
서성이는 어른들의 존엄을
지키는 법

유명 유튜버 박막례 할머니의 '막례는 가고 싶어도 못 가는 식당'이라는 화제의 영상이 있다.

"우리는 기계 있으면 안 가부러. 사람이 갖다 주는 곳으로 가자. 뭐 눌러야 된다매. 근데 그게 내 맘대로 안 돼. 자존심 상하잖여. 진짜 우리에게 맞지 않는 세상이 돌아온가비다요."

영상엔 평소 호탕하고 거침없던 박막례 할머니가 맥도날드에 가서 키오스크로 햄버거를 주문하는데, 낯설고 작동이 어려워 쩔쩔매는 모습이 고스란히 담겼다. 메뉴판의 글씨는 보이지 않고, 가장 위 메뉴는 손이 닿지 않아 선택하지 못하고, '테이크아웃'은 뜻이 낯설어 쇼핑백 모양을 보고서야 포장을 선택하고, 먹고 싶었던 감자튀김도 '프렌치프라이'가 무슨 뜻인지 몰라 결국 못 샀다. 그마저도 시간을 계속 초과해서 처음 화면으로 몇 번이나 돌아가야 했다. 힘겨운 주문을 마치고 막례 할머니가 동년배 70대 친구들에게 한 말.

"야 그거 먹을라면 돈배기 쓰고 영어공부 하고 의자 챙기고, 키 큰 사람들은 상관없고. 그리고 카드 있시야 된댜!"

이제 공항과 버스터미널은 물론이고 식당과 카페에서 키오스크 주문이 일반화되고 있다. 키오스크 도입으로 사업자는 인건비를 절감하고 소비자는 대기 시간 없이 원하는 서비스를 즉시 주문·결제할 수 있다. 그런데 2020년 9월 한국소비자원이 실시한 '키오스크 사용 관찰 조사'에 따르면, 버스터미널 키오스크를 이용한 70세 이상 노인 5명 중 3명이 표를 사지 못했고, 패스트푸드점 키오스크에서는 5명 모두 주문하지 못했다. 키오스크 이용에서 불편한 점으로는 '복잡한 단계'가 51.4퍼센트로 가장 많았고, '뒷사람 눈치가 보임'(49.0퍼센트), '그림·글씨가 잘 안 보임'(44.1퍼센트)이 뒤를 이었다. 이쯤 되면 키오스크는 그 자체로 노인들의 자존심 테스트용 기계가 된 셈이다.

실제로 주변 어른들께 여쭤 보니 매장 밖 창을 통해 키오스크만 보이고 주문 받는 직원이 안 보이면 아예 매장에 들어가지 않는다고 했다. 돈을 들고도 멀찍이서 가게 안 상황을 살피는 뒷모습은 상상만 해도 서글프다. 소비자로서는 물론, 시민으로서의 권리 행사를 심각하게 침해받는 일이다.

행정안전위원회 소속 의원실에 근무할 때 전자정부 시스템 구축의 주무 부처가 행정안전부인 덕에 '키오스크 이용 현황'을 살펴본 적이 있다. 정부 차원에서 할 수 있는 일이 있지 않을까 싶어서다. 실제 정부도 키오스크에 대한 문제의식이 없던 게 아니었다. 모든 사람이 불편 없이 사용하도록 키오스크의 규격 기준(국가 표준 X 9211)을 마련했고, 이에 따른 '공공 단말기 접근성 가이드라인'이라는 것이 이미 2016년부터 있었다. 이 가이드라인에 따라 한 공공기관이 교통 분야 키오스크 정보 접근성 현황을 파악하려 시범 조사를 했다고 해서 자료를 구해 확인해 봤다. 조사 보고서에 키오스크는 "① 메뉴의 글자가 작고 명도 대비가 낮아 노안·저시력인 사람에게 불리하고 ② 단말기 화면 높이가 기준(1.2미터 이하)보다 높으며 ③ 메뉴 조작에 시간 연장 기능을 충분히 제공하지 않아 기계 사용에 미숙하거나 손

떨림이 있는 사람이 이용하기 쉽지 않다"는 내용이 들어 있었다. 실제 설비가 노인에게 이렇게 불리하게 설정됐고 그 사실을 정부가 이미 알고 있었음에도 속수무책으로 내버려 두고 있었던 것이다.

그럼 시중의 키오스크를 다 교체해야 하나? 그렇지도 않다. 박막례 할머니가 이용한 프랜차이즈의 키오스크만 봐도 영어를 한글로 바꾸고, 글자 크기를 키우고, 메뉴 표시를 가급적 단말기 하단에 하는 방식으로 소프트웨어를 변경하면 이렇게까지 사람을 애먹이는 일은 없을 것이다. 실제 의원실에서 전문가들에게 자문해 보니 글자 크기나 위치를 바꾸는 일은 생각보다 간단했다. 기기를 변경하려면 비용과 시간이 들지만 프로그램 조작이나 소프트웨어 변경은 기존 기기 업데이트로도 가능했다. '모든 소비자를 차별 없이 대한다'는 관점이 있다면 시도할 수 있는 일임에도 그걸 하지 않은 결과, 기껏 기계 하나에 사람의 자존감이 이토록 다치게 된 것이다. 그게 뭐라고, 사람을 이토록.

키오스크 문제를 알게 된 때부터 공공은 물론이고 민간 시설에서도 누구든 이용에 차질이 없도록 하는 근거를 담은 법안을 고민했다. 최근 「장애인차별금지법」에 무인 단말기와 스마트폰 애플리케이션이 장애인 접근성을 갖추도록 한 규정이 새로 들어갔다. 그 결과 이제 접근성을 갖추지 않은 차별 행위로 장애인 당사자에게 손해를 입히면 소송을 제기할 수 있다. 다만 법의 대상이 장애인으로 한정됐다. 노인까지 포괄하는 법인 「장애인·노인·임산부 등의 편의증진 보장에 관한 법률」을 찾아보니 이번에는 범위가 공원, 공공건물 및 공중 이용 시설 등에 한정돼 무인단말기 같은 기기는 해당 사항이 아니었다. 기존의 차별을 규율하는 법은 이런저런 한정을 두는 한계가 있다.

답답한 마음에 방향을 바꿔서 기기·사물의 사용을 규율하는 법을 찾아봤다. 「지능 정보화 기본법」에 "지능 정보 서비스 제공자는 그 서비스를 제공할 때 장애인·고령자 등의 접근과 이용의 편익을 증진하기 위하여 노력하여야 한다"라고 돼 있고, 시행령에 '접근성 실태 조사' 근거가 있다. 이게 앞서 언급한 그 시범 조사의 근거 조항이다. 이 경우 국회가 과태료를 부과하는 개정안을 만들 수도 있기는 하다. 과태료 부가 조문 신설은 사실 법 만드는 사람 입장에서는 가장 쉬운 입법 방식이다. "○조 위반에 대해서 ○원의 과태료를 부과한다"라는 말만 한 줄 추가하면 되기 때문이다. 다만 이는 두 가지 점에서 문제다. 과태료를 부과했을 때 결국 부담지는 사람이 누구인가? 대기업에게 과태료

표1. 차별 금지 관련 주요 현행법*

법률명	차별 사유	차별 영역	한계
고용상 연령 차별 금지 및 고령자 고용 촉진에 관한 법률	연령	고용	고용 분야의 연령 차별에 한정됨
장애인 차별 금지 및 권리 구제 등에 관한 법률	장애	고용, 교육, 재화 등의 공급과 이용, 사법 행정, 모부성권, 가족 건강권 등	장애를 이유로 한 차별에 한정됨
남녀고용평등과 일⊠가정 양립 지원에 관한 법률	성별, 혼인, 가족 안에서의 지위, 임신, 출산 등	고용 · 성희롱	고용 분야에 한정됨
기간제 및 단시간 근로자 보호 등에 관한 법률	고용 형태	고용	고용 분야에 한정됨
파견 근로자 보호 등에 관한 법률			
양성평등 기본법	성별	정치 · 경제 · 사회 · 문화의 모든 영역	선언적 규정 (실효적 내용이 없음)
국가인권위원회 법	성별 등 19개 사유	고용, 교육, 재화 등의 이용, 성희롱	차별 시정이나 피해자 구제를 위한 실효적 내용 부족

* 2020년 9월 법제사법위원회 「차별금지법안」 검토 보고서.

는 키오스크 기기 변경보다야 저렴할 테니 과태료 내는 게 오히려 남는 장사일 수 있다. 즉 중소 상공인에게만 부담을 주는 법안이 된다. 법의 당초 의도와 정반대의 효과다. 개정법이 곧 뻔히 예상되는 불공정을 만드는 행위가 되는 것이다. 다른 하나는 과태료는 형벌이 아니라 행정질서벌●에 속한다 할지라도 벌은 벌이라는 점이다. 권리 침해 행위를 벌로서 규율한다는 발상을 마주할 때면 국회가 책임 없이 간편한 해결책을 '찍어내는' 것 같아 개운치 않았다. 평소에도 국민적 공분이 아무리 들끓어도 그것을 바로 형량 강화 입법 발의로 연결시키는 것을 늘 경계했다.

그럼 법 적용 대상을 좁게 한정하지 않으면서 시설뿐 아니라 기기·사물의 사용까지 포괄하고, 특히 차별 행위자 처벌에 의존하지 않을 방법은 무엇일까? '차별금지법'이 제정되면 이와 같은 조치가 가능해진다. 그러면 키오스크로 차별 받은 어르신들은 국가인권위원회(인권위)에 권리 침해에 대해 진정하고, 인권위는 정부와 해당 사업장에 키오스크를 사회적 약자 친화적으로 바꾸도록 요구할 수 있다. 그래도 바뀌지 않는다면? 위원회가 정당한 사유 없이 시정 권고를 이행하지 않는 자에게 시정명령을 할 수 있도록 했고, 시정명령을 이행하지 않을 때는 이행강제금을 부과할

● 간접적으로 행정상 질서에 위험을 줄 수 있는 행위를 한 사람에게 형법상 형량없이 부과되는 벌.

수 있도록 했다.● 차별에 대해 권고→명령→이행강제금 부과, 그래도 안 되면 소송지원까지. 차별에 대한 구제 절차를 촘촘히 만들어 두었다. 이러한 권리 침해 진정과 시정 조치가 반복되면 우리 삶에서 차별 행위란 무엇이고 무엇을 해서는 안 되는지 기준이 생길 것이다. 예를 들어 새로 개통한 휴대전화는 처음부터 큰 글씨·밝은 화면·느린 터치 속도에도 반응할 수 있도록 설정된 채 출시되어야 한다. 기기 조작에 능숙한 사람이라면 어차피 간단한 조작으로 자신에게 맞출 수 있으니 말이다. 노인이 '실버폰'을 사는 방식은 아니어야 한다는 이야기다.

가장 중요한 것은 법이 대상과 시설을 특정해서 일일이 규율하지 않더라도 일상에서 속속들이 발견되는 차별 행위가 차별 받은 사람의 요구로 시정될 수도 있다는 믿음이고, 실제 그 믿음을 구현할 사회 시스템일 테다. 그것이 차별금지법의 쓸모다. 우리가 존엄성을 가진 인간이자 민주주의 국가의 시민으로서 사회적으로 받아서는 안 되는 차별 행위가 무엇인지를 법으로 규율하고, 실제 차별을 경험했을 때 침해된 권리를 어떻게 구제받을지, 정부와 지방자치단체가 일상의 차별들을 시정하고 예방하고자 어떤 역할을 해야 하는지 법이 정해 줘야 한다. 그것이 법의 쓸모

● '평등 및 차별금지에 관한 법률안' 제32조~제35조.(권인숙 의원 대표 발의)

다. 차별금지법 입법이 한 단계 진전되어야 할 때마다 "사회적 합의가 덜 됐다"라며 뒤로 물러선 국회였다. 그렇게 '(텅 빈) 사회적 합의'를 내세워 시민 뒤에 숨을 것이 아니라, 오히려 법으로 '사회적 합의'의 기준을 만들어야 할 것이다. 그것이 '사회적 가치의 권위적 분배'로서의 정치의 쓸모다.

2000년대 된장녀에서 시작된 '○○녀' 시리즈가 맘충을 비롯한 '○○충' 목록으로 번지고 노키즈존에 이은 '노○○존' 목록이 늘어 간 십수 년 동안, 정치는 이러한 차별과 혐오를 시정하려는 노력을 기울이지 않았다. 나무위키에 기상천외한 '○○충과 '노○○존'의 항목이 기입되고 그 언어의 용례가 늘어 가는 것을 보면서 정치 부재가 '만인에 대한 만인의 투쟁'을 부추겼다는 죄책감이 든다.

모두가 읽어 봤을 소설 『82년생 김지영』을 나는 열심히 가정을 일구고 아이를 양육하는 한 여성의 분투가 '맘충'이라는 혐오로 돌아오고, 심지어 그게 특이한 사건이 아닌 평범한 일상에 흩뿌려진 공기 같은 것이 될 때, 자기를 지우고 타인이 되는 것만이 자신을 방어하는 유일한 방법이라고 말하는 텍스트로 읽었다. 김지영이 "남편이 벌어다 준 돈으로 커피 마신다"는 소리를 듣고 항의나 반박을 하는 것이 아니라 죄지은 사람처럼 얼른 그 자리를 떠나 버린 장면이 특히 그렇다. 권리의 언어가 부재한 세상에서는 약자가 자기 탓을 하게 된다.

'미투 운동' 이후 공직 사회에서는 뒤풀이 자리에서 누가 성희롱 발언을 하면 당사자가 항의하기도 전에 옆의 다른 사람이 쿡 찌르면서 "요즘 그런 말 했다가는 큰일 난다"라며 눈치를 준다. 그렇게 "따가운 혐오의 공기"(정세랑, 『시선으로부터』)를 바꿔 낸 그 순간이 나는 더없이 감격스럽다. 비로소 한 발 나아갔기 때문이다. 침해된 시민권을 용기로 복원해 준 그녀들 덕이다. 그 덕을 나를 포함해 성희롱을 경험할 뻔했던 사회적 약자 모두가 봤다.

차별은 공기와도 같아서 언제든 일어날 수 있다. 성희롱의 따가운 공기를 바꿔 내는 모멘텀이 우리 사회에 있었던 것처럼, 차별금지법은 차별 받은 당사자가 항의하기도 전에 옆의 다른 사람이 "그러면 안 된다"라며 쿡 찔러 주의를 주는 일이 일어나게 할 것이다. 그러면 박막례 할머니에게도, 김지영에게도 사회의 따가운 공기가 그래도 숨 쉴 만한 것으로 바뀔 것이다. 그 덕은, 단언컨대 우리 모두가 함께 볼 것이다.

'어떻게' 없이
'하겠다'만 반복하며
진행만 거듭하는 법

일요일 아침, 어제 사다 놓은 식빵으로 토스트를 해 먹으려고 잼이 든 병뚜껑을 여는데 설탕이 엉겼는지 어떻게 해도 안 열렸다. 얼굴이 시뻘개지도록 손아귀 힘으로 열어 보다가, 그래도 안 되니 고무장갑 끼고 하다가, 병에 압력을 줘야 한다 해서 바닥에 팡팡 내리쳐 봤다가, 급기야는 그냥 잼 없이 마른 식빵만 먹었다. 빵을 우적우적 씹어 먹으면서 누구랑 싸운 것도 아닌데 괜스레 진 것 같았다. 그 대상이 또 무슨 대단한 적이 아니라 고작 병뚜껑이었다는 점에서 슬프고 웃기고 짠하고, 갑자기 1인 가구 여성의 존재론적 서러움까지 갈 뻔 하다가 절레절레 모노드라마 찍기를 멈췄다. 이런 일이 어디 나쁠까. 유튜브에 '병뚜껑 쉽게 여는 법'을 검색하면 동영상이 수두룩 빽빽하게 나오고 사력을 다해 보다 안 되니 병째 들고 아파트 경비 아저씨께 부탁하러 갔다는 얘기까지. 비슷한 경험담은 차고 넘쳤다.

그러다 우연히 큰 집게 모양으로 생긴 '만능 오프너' 광고를 보고 이거다 싶어 당장 주문했다. 결론은 대성공! 아니 돈 만 원에 이렇게 쉽게 풀릴 수 있는 일을 존재론적 고민까지 하게 하다니. 알고 보니 이 디자인의 원조는 일본 '마르나' 사로, 골다공증으로 손힘이 약해진 어머니를 본 개발자가 병뚜껑을 쉽게 열 수 있는 편리한 오프너를 개발한 것이 시초가 됐다. 이 오프너는 어깨를 축으로 팔 전체에 체중을 걸 수 있도록 디자인되어 노인도 손끝에 큰 힘을 주지 않고 페트병 마개나 음료수 캔 등을 열 수 있다. 개발자의 어머니를 위한 유니버설 디자인universal design 덕에 고독이나 씹을 뻔하다가 보편universality의 일부가 될 수 있었다.

지금 이 글을 쓰느라 눌러 대고 있는 컴퓨터 키보드도 그 시초는 타자기에서 유래됐는데, 세계 최초의 타자기는 19세기 초 이탈리아 발명가 펠레그리노 투리가 앞을 보지 못하는 그의 여자친구를 위해 발명한 것이었다.● 우리가 쓰는 이메일은 구글 부사장인 빈트 서프 박사가 처음 만들었

● 이 이야기는 뮤지컬 「너를 위한 글자」라는 제목으로 국내에서 공연되기도 했다.

는데, 그것은 출근 후에도 청각 장애인 아내와 소통하기 위해서였다고 한다. 구부러진 빨대와 막대 모양 문고리는 각각 누워서 음료를 섭취하지 못하는 사람, 손가락이 없거나 동그란 문고리를 돌릴 힘이 없는 사람을 위해 고안되었고, 그 덕을 지금은 아이와 노인이 함께 보고 있다.

우리가 사는 이곳을 '참 살기 좋아졌네'라고 느끼는 순간은 어느 때일까? 물질적으로 풍족해진 것을 느낄 때는 물론이거니와, 비인간 동물을 포함한 모든 존재가 차별과 배제 대신 동등과 포용의 범위 안에 들어오는 때, 그리하여 모든 권리 가진 존재가 '특수한 개별'이 아닌 '평범한 보편'이 되는 순간 아닐까.

2001년, 4호선 오이도역 수직형 리프트에서 탑승한 장애인이 추락사하는 일이 일어났다. 이후 사건을 기점으로 장애인 이동권 운동이 시작되었다.

지금까지 장애인 이동권을 보장해 달라고 했을 때 보장하지 않겠다고 한 사람은 한 사람도 없었습니다. 장애인도 교육 받고 싶다고 했을 때 교육 받지 말라고 이야기한 사람은 한 사람도 없었습니다. 특히 정치인들은 이 문제에 대해 하겠다, 하겠다, 하겠다고 했고 그게 2001년도입니다.

2022년 『한겨레』와의 인터뷰에서 "지난 21년간 장애인 문제를 회피해 온 정치권"이라고 했던 박경석 전국장애인차별철폐연대(전장연) 상임공동대표의 말이 며칠 동안 목의 가시처럼 걸려 넘어가지 않았다. 그 21년 중 국회에서의 내 10여 년 시간이 포개어졌기 때문이다. 국회 안팎에서 직간접적으로 마주친 박경석 대표와 장애인 당사자들의 얼굴이 계속 떠올랐다. 이분들이 '정치권'을 호명했으니 나도 저 끄트머리 어디쯤에서 불려 나왔다.

21년 중 내가 보고 겪은 10여 년의 시간을 복기해 보니 정말 그랬다. '정치권'은 장애인 등 사회적 약자에게 의지적 미래형으로 '하겠다'고만 했지, 어떻게 '했다'라는 현재 완료형으로는 제대로 답한 적 없었다. 모두가 문제라고 말하면서도 장애인의 전쟁 같은 일상에 참전한 사람은 없었다. 차별받는 장애인의 현실에 공감은 했을지언정 그 차별을 시정하려는 싸움은 외면했다. 생존에 대한 투쟁에 '알겠습니다' '검토해 보겠습니다' '최선을 다하겠습니다'라는 의지 없는 미래형 대답만 늘어놓았다.

정치권의 진짜 잘못은 장애인이 시설이 아닌 감시 없

는 집에서 편한 잠을 자고, 가고 싶은 곳으로 이동하고, 생계를 유지할 노동을 하는 등 실물적 삶의 현재성을 박탈한 것에 있다. 아무도 귀 기울이지 않으니 생업에 나설 시간에 거리에서 싸울 수밖에 없는 것이다(그 밖에 다른 선택지가 무엇이 있겠는가). 모두가 문제라고 말하면서 아무도 싸우려 들지 않았을 때, 이들이 낸 용기란 하루하루를 견디는 일이었을 것이다.• 21년, 7600여 일의 하루하루를 그제야 가늠해 본다.

"보좌관님, 의원님이 인권 문제에 관심 많으시니까 이 예산 잘 좀 부탁드립니다. 많은 액수인 건 아는데 우리가 꼭 필요한 예산들을 분석했어요. 예산결산특별위원회(예결위) 상임위 심사 들어가면 꼭 좀 신경 써 주세요."

장애인권 활동가 몇 분이 의원실 회의실에 앉자마자 두꺼운 문서를 테이블 위에 내려놓으셨다. 그들의 검은 패딩에 바깥의 차고 매서운 바람이 묻어 왔다. 익숙한, 서늘한 바람 냄새. 여의도의 겨울은 서울의 다른 곳보다 유독 춥다. 누군가는 빌딩이 많아서 빌딩풍의 영향이라고 하고, 또 누군가는 여의도가 섬이라서 그렇다고도 했다. 나는 여의도의 겨울이 추운 건 기다림 탓이라고 늘 생각한다. 겨울은 다음 연도 예산의 증액 또는 감액을 위해 국회 밖에서 싸우는

• 홍은전, 『그냥, 사람』(봄날의책, 2020)

당사자와 시민사회단체 활동가들의 기약없는 기다림의 시간이다.

해마다 돌아오는 국회 예결위를 겪어 본 의원실 보좌진은 안다. 국회 예산 심사 시기가 되면 장애인 단체로부터 장애인 활동 지원·탈시설 지원·중증 장애인 자립생활센터 지원·장애인 권익 옹호 기관 운영 지원 등에 필요한 예산을 증액해 달라는 요구가 온다. 그러면 장애인권에 의지가 있는 몇몇 의원실에서 그 증액 요구안을 받아 수정 요구안을 제출한다. 그 후 예결위 계수조정위원회●에서 증·감액 심사를 하고 나면 장애인 단체에서 요구한 증액 요구안은 거의 다 깎인 채로 되돌아온다. 이런 반복이 벌써 몇 해째다.

국회 안에서의 예산 심사처럼, 국회 밖 장애인들의 이동권 싸움 또한 비슷한 패턴인 듯 보였다. 대학생 때 저상버스 도입을 위한 장애인의 버스 타기 시위에 몇 차례 함께한 적이 있었다. 그런 내가 학교를 졸업하고 몇 가지 사회 경험을 하다 국회에서 10년을 보내는 동안 장애인들은 여전히 버스·지하철 타기를 요구하고 있었다. 장애인 이동권이 한 치 앞도 못 나가도록 전 사회가 막는 동안, 나는 한편으로는 그래도 사회가 좋아지고 있는 것 아닌가 근거 없이 낙관했

● 공식 명칭은 '예산안등조정소위원회'로, 예결 위원 50명 가운데 지역구와 상임위를 안배해서 여야 15명으로 구성된다. 이 소위원회에서 실질적인 증·감액 심사를 하므로 예산철 이 의원실들 앞에는 방문자들이 장사진을 이룬다.

고, 다른 한편으로는 이동할 권리를 위해 인생의 시간을 다거는 사람의 삶에 무뎌졌다. 앞서 적은 것처럼, '사회가 좋아진다는 것'이 모든 권리 가진 존재가 '평범한 보편'이 되는 것이라면, 나의 낙관과 무뎌짐은 특권 가진 자의 인지부조화일 뿐이었다. 가고 싶은 곳을 마음대로 돌아다닐 수 있는 그 평범한 하루를 누릴 권리의 양과 질이 사람마다 다르게 주어진다면, 그것이 차별이고 배제다.

실제로 마치 다 된 줄 착각했던 저상버스 보급률은 30퍼센트 미만에 그쳤고, 장애인 콜택시를 한 번 이용하려면 대기 시간이 두 시간을 넘어갔으며, 서울 지하철역 326개 중 21개 역은 여전히 엘리베이터가 없어 위험천만한 경사형 휠체어 리프트를 이용해야 한다는 걸 이제야 자료를 찾아보고 알았다.

보좌관으로 살면서 '적정한 책임'의 크기에 대해 늘 생각하게 된다. 국회에서 풀어 가야 할 일이 절박해 오늘이 마지막 날인 것처럼 살던 시기에는 내가 절실한 만큼 모든 것이 내 책임 같았다. 이것은 한편 권한과 책임이 비례할 것임에도 권한 있는 자가 책임지지 않는 오래된 정치 행태에 대한 반사적인 행동이자, 다른 한편으로는 그만큼 내 권한의 크기도 잘 몰랐던 무지의 소산이었을 테다.

시간이 흐르고 경력이 좀 쌓이면서 모든 것을 책임지겠다는 태도는 상대에게 오판을 불러일으키는 상상적 위선이라는 생각이 들었다. 마음만 앞서 할 수 없는 것들에 대해서도 당사자에게 기대를 품게 하면 결국 시간과 마음 둘 다 빼앗는 꼴이 된다 싶었다. 약자의 목소리를 아예 배제하는 것과 소통하되 결국은 해결 못하는 희망고문 중 누가 더 나쁜가. 나는 후자라고 봤다. 진보를 표방하는 집단 중 특히 그런 태도가 많다는 것을 알기에 더욱 경계했다.

문제를 해결해 달라고 온 사회적 약자들을 테이블 앞에서 마주했을 때, 그것이 아무리 선한 동기에서 출발했을지라도 '내 마음을 앞세우지 말자' '지금 중요한 건 동기의 선함이 아니다'라고 속으로 되뇌었다. 내 것과 우리 의원실의 책임과 권한의 내용, 그 한계까지 장애인 당사자들에게 확인시켜 주고 그래서 약자가 활용할 수 있는 경우의 수를 하나라도 더 늘리는 데 집중하려고 애썼다.

그런데, 제주해군기지 문제는 뭐 해결할 수 있어서 뛰어들었나(15장 참조). 사랑하니까 뭐라도 하지 않을 수 없어서 뛰어들었고, 뛰어드니까 새로운 가능성도 만들 수 있었던 거다. 그 결과 또한 성공한 것이라 말할 수 없지만 사회적으로도, 내 내면에서도 슬픔 밴 성장과 배움이 있었다.

그러니 나는 위선하지 않으려다 최선까지 놓아 버린 건 아닌지. 박경석 대표의 일갈에 얼굴이 화끈거렸다. 무엇보다 우리는 솔루션 업체가 아니고 대의 기관인데, 대리해야 할 사람들이 말을 하면 그 말에 마이크를 대 줘야 하는 것이 두말할 나위 없는 우리 의무다. 그간 이런 기본 중의 기본을 잃어버렸다. 보좌관 경력이 늘어도 날을 벼리는 일을 게을리하지 않겠다고 다짐하며 살았는데, 어느새 최선과 차선을 고민하는 게 아니라 최악과 차악 중 최악은 아니라는 것에 안위하고 있었던 것 같다. 부끄러운 고백이다.

서울중앙지법은 교통공사 측에는 '2024년까지 19개 역사에 엘리베이터 설치'를 하고 전국장애인차별철폐연대 측에는 '열차 운행을 5분 초과해 지연시키는 시위를 할 경우 1회당 500만 원을 공사에 지급'하도록 하는 조정안을 내놓았다. 이에 대해 오세훈 서울시장은 2023년 새해 첫날 방송에 출연하여 장애인들의 지하철 승하차 시위에 대한 법원의 조정안이 비합리적이라며 "1분만 늦어도 큰일 나는 지하철을 5분이나 지연시킬 수 있다는 것은 어불성설"이라며 무관용 원칙을 고수했다. 서울교통공사는 "4호선 삼각지역 상선 당고개 방면 장애인차별철폐연대의 지하철 타기 불법 시위로 무정차 통과하고 있습니다. 열차 이용에 참고하시기 바랍니다"라는 '재난문자'를 보냈다. 열차 지연이 '큰일 나는' 재난이고 그 책임이 특정 단체에 있다는 혐오 섞인 책임 전가다. 서울시장 취임사에서 '약자 동행 특별시'를 만들겠다고 했던 그다. 쉬이 모순과 이율배반이라 할 수 있겠지만, 그것은 그 자체로 진실이라고 봤다. '조용히 말없이 집에만 있는 약자'와 동행하겠다는 선언.

2022년 예산은 전장연이 제시한 예산 증액분 1조 3044억 원의 0.8퍼센트에 불과한 106억 원만이 증액되었다. 이 일련의 일들 때문에 국민의 대리인은 무얼 하는 사람이어야 할지 길을 잃은 것 같아서, 헤매는 심정으로 사전까지 찾아봤다. 대표한다는 것은 수권자를 옹호하는 것, 수권자를 위해 말하는 것, 행동하는 것과 유의어로 표기돼 있다. 대표한다는 것은 편들고 말하는 것에 그쳐서는 안 되고, 행동까지 포함하는 것이었다.

이동권 투쟁을 하는 장애인들은 시혜의 언어를 권리의 언어로, 차별 받는 피동의 상태를 저항이라는 능동으로 바꿔 낸 사람들이다. 당사자의 권리를 위한 투쟁의 순간에 정치는 무슨 행동을 해야 하나. 지하철 공간에서 권리의 언어가 수모를 당하고 있을 때, 헌법 기관인 국회의원이 앙상해진 권리의 언어를 정당화해 주고 혐오 발언에는 준엄하게 같이 싸워 주는 것이 '정치권'이 가진 권한을 제대로 쓰는 옹호·말·행동이지 않을까.

장애인들의 저항이 일깨워 준 것은 '검토해 보겠습니다'라는 기약 없는 약속의 부끄러움과 제대로 대표한다는 것의 의미였다. 저항하는 자를 대리하려면 당연히 행동부터 같이해야 한다는 것, 마음만 앞세우는 태도는 경계하되 함께하고자 하는 마음까지 회수하면 안 된다는 것. 우리 사회는 싸우는 자들에게 빚졌으니, 그 싸움에 함께하면서 위임받은 힘과 권위를 약자들에게 '모조리' 써야 한다는 것을 배웠다.

21년 전 장애인의 죽음으로 시작된 이동권 투쟁으로, 각 역사에 설치된 엘리베이터는 거동이 불편한 어르신들과 유아차에 앉아 가는 아이와 보호자가 장애인들과 함께 이용하고 있다. 지하철 엘리베이터를 볼 때마다 오이도역에서 황망하게 돌아가신 그분과 21년간 거리에서 싸우고 있는 장애인 당사자들이 만들어 낸 보편universality을 생각한다. 그러니 이것은 선도, 도덕도, 법률의 문제도 아니다. 그저 진 빚 갚는 염치의 문제다.

행동하는 시민이
기후 정의를 앞당길 것이다

"우리는 정부가 화석연료 및 기타 산업에 의해 압박받고 뇌물을 받고 실패한 이념을 보호하고 책임을 회피했기 때문에 보고서를 유출했습니다. 정부는 공식 보고서가 발표되기 전에 결론을 수정했습니다. 우리는 과학자들이 대중에게 알리고자 기꺼이 불복종하고 개인적인 위험을 감수한다는 것을 보여 주려고 이와 같은 행동을 합니다."

2022년 4월, 전 세계 과학자 1천여 명이 거리로 나섰다. 이들은 '과학자 반란'Scientists Rebellion이라는 단체 소속으로, 이 단체에는 유엔의 기후 변화에 관한 정부 간 협의체IPCC

에 참여했던 과학자와 미국 항공우주국NASA 소속 기후 과학자도 속해 있다.

이 소식을 처음 국내 뉴스에서 보고 신기했다. '좀처럼 실험실에서 나오는 일 없는 과학자들이 거리에서 집단 행동을 했다고? 자신들이 쓴 보고서를 스스로 유출하고?' 나도 IPCC에서 나오는 보고서는 항상 챙겨 보기 때문에 이들이 유출까지 하게 된 정황이 궁금해졌다. 이 보고서는 IPCC의 평가 보고서인데, 이는 기후 변화의 과학적 근거와 정책 방향을 제시하고 유엔기후변화협약UNFCCC에서 정부 간 협상의 근거 자료로 활용되기 때문에 상당히 중요한 자료다. 우리가 잘 아는 2015년 파리협정과 1997년 교토의정서가 모두 이 평가 보고서에 근거했다.

'과학자 반란' 홈페이지와 외신 인터뷰를 찾아보았다. 당시 IPCC는 제6차 보고서를 발표했는데, 결론이 다듬어지는 과정에서 초안의 핵심 내용이 삭제되는 것을 목격한 과학자들이 내용 중 일부를 초안 단계에서 유출해 버린 것이다. 이들은 "기업의 이익과 정치 엘리트들이 세계에서 가장 중요한 기후 보고서를 어떻게 약화시켰는가"라고 지적하면서 다음 내용을 실례로 들었다.

○ 10년 내 가스 및 석탄 발전소 폐쇄에 대한 언급이 없어졌다. 특히 사우디아라비아 같이 이해관계에 있는 국가가 '석탄 발전소 폐쇄'라는 문구를 제거하려고 로비를 벌였고 보고서 발간이 늦어진 것은 주로 이 때문인 것으로 알려졌다.

○ 상위 10퍼센트 계층의 책임에 대한 어조가 약해졌다. 유출된 보고서는 그들이 가장 가난한 하위 10퍼센트 계층보다 10배 더 오염시킨다고 지적했다.

○ 초안에서는 에너지 전환의 진행을 방해하는 요소 중 하나로 '기득권'의 책임을 경고했으나 요약 보고서에는 삭제됐다.

○ 임박한 기후 위기를 지연시킬 주요 도구 중 하나인 참여 민주주의에 대한 언급이 사라졌다.

'위기를 먼저 본 자'들의 지혜롭고 절박한 말이었다. 결국 IPCC 보고서는 쓴 것보다 쓰이지 않은 것이 더 중요한 메시지가 돼 버렸다. 쓰이지 않은 것에는 기업, 상류층, 기득권의 문제와 책임이 더 많이 강조돼 있었다. 그리고 참여 민주주의야말로 기득권이 가장 두려워하는 것임이 증명됐다.

윤석열 정부는 2022년 8월 '제10차 전력 수급 기본 계획'의 실무안을 공개했다. 전력 수급 기본 계획은 전력 수요를 예측하고 이에 따른 전력 설비와 전원 구성을 설계하는 중장기(15년) 계획으로, 2년마다 갱신된다. 제10차 계획은 2022년부터 2036년까지의 계획인데 공개된 실무안에 따르면 2030년 발전량 비중은 원전 32.8퍼센트, 신재생 에너지 21.5퍼센트, 석탄 21.2퍼센트로 설정됐다. 2021년 10월 문재인 정부가 제시한 '2030 국가 온실가스 감축 목표'NDC 상향안에선 2030년 원전 비중이 23.9퍼센트에 신재생 에너지 발전 비중이 30.2퍼센트였다는 것을 상기한다면, 전격적으로 원전 비중을 높이고 신재생 에너지 비중을 낮춘 것이다. 보도 자료를 찬찬히 보다가 "그만해, 이러다 다 죽어!"라는 유명한 드라마 대사가 절로 튀어나왔다.

문제는 재생 에너지로 빠르게 전환해 가는 전 세계 움직임과 반하여 한국의 재생 에너지 보급이 평균에 크게 뒤처지고 있다는 사실이다. 영국에 기반을 둔 국제 에너지 연구기관 엠버EMBER에서 최근 한국의 재생 에너지 발전 현황과 주요 수출 부문의 탄소 집약적 8개 기업의 글로벌 에너지 소비를 분석했는데, 그 결과 SK하이닉스·삼성전자·LG디스플레이·현대제철·현대자동차·포스코·삼성 SDI·LG전자 등 8개 기업은 2020년 기준 국내외에서 총 83.9테라와트시를 소비했다. 이는 2020년 21.4테라와트시에 불과한 한국의 풍력·태양광 발전량보다 약 4배 많은 전력 소비량이다(도표 참조).

8대 주요 수출기업 글로벌 전력 사용량과 국내 태양광·풍력 발전량

• 2020년 기준. 단위: TWh(전력 사용량)
• 해당 연도 삼성의 국내 전력 사용량은 17TWh(그린피스, 2021)

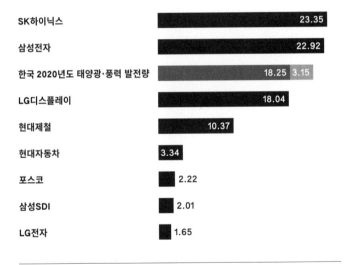

SK하이닉스	23.35
삼성전자	22.92
한국 2020년도 태양광·풍력 발전량	18.25 3.15
LG디스플레이	18.04
현대제철	10.37
현대자동차	3.34
포스코	2.22
삼성SDI	2.01
LG전자	1.65

자료: 각 기업 지속 가능 경영 보고서, EMBER '글로벌 전력 리뷰', 2022 CDP

이뿐만 아니라 아시아 주변 국가인 일본·중국·몽골·베트남을 비롯해 전 세계 풍력·태양광의 발전 비중이 처음으로 평균 10퍼센트를 넘어선 것에 견줘, 2021년 한국의 풍력·태양광 발전 비중은 그 절반도 안 되는 4.7퍼센트에 그쳤다.

이런 가운데 2022년 9월 삼성전자는 RE100● 가입을 대대적으로 선언했다. 그것도 국회에서 삼성을 국정 감사 증인으로 여러 차례 부르고, 약속을 받아내고, 이행을 촉구해서 어렵사리 만들어진 결과다. 그런데 재생 에너지 생산량이 이 정도라면 탄소 중립을 이행하고 싶어도 재생 에너지 공급량이 모자라서 못할 지경이다. '탈원전'과 '재생 에너지 확대'라는 과제를 이전 정부에 대한 정쟁으로만 인식하는 현 정부가 결국은 애먼 1등 기업의 발목을 잡게 된 아이러니. 전 정부 잡으려다 초가삼간 다 태우겠다.

앞서 '북극곰과 빙하, 에코백과 텀블러가 가리는 세계'(4장)에서 썼듯이 2021년에 2050년 탄소 중립을 위한 「기후 위기 대응을 위한 탄소 중립·녹색 성장 기본법」을 만들었는데, 그 법 제24조에 '온실가스감축인지 예산제도'도 넣어 놨다. 국가와 지방자치단체가 예산서를 작성할 때 단순히 금액 편성만 하는 것이 아니라 그 예산 집행이 기후 변

● Renewable Energy 100의 약자로 2050년까지 기업에서 사용하는 전력의 100퍼센트를 재생 에너지로 대체하자는 국제적 기업 간 협약 프로젝트.

화에 미치는 영향까지 사전에 분석해서 국가와 지자체의 재정 운용에 반영하도록 하는 정책이다. 2022년은 법 통과 뒤 처음 시행되는 해다. 정부가 하는 일을 보려면 예산과 인사만 보면 된다고 할 정도로 돈의 쓰임새는 곧 정부의 핵심 가치와 방향, 철학을 알 수 있는 리트머스 시험지다. 2023년 예산에 대한 '온실가스 감축 인지 기금 운용 계획서'가 국회에 도착했다.

　　나는 탄소중립법을 자식처럼 생각하기에 흐뭇한 마음으로 그 자식의 친구쯤 되는 기금 운용 계획서를 받아들었는데, 페이지를 넘겨 보니 좀 이상했다. 예산서 작성 대상이 되는 13개 부처 288개 사업 중 취약 계층 지원 사업은 저소득층 가구에 냉·난방 기기를 지급하는 '저소득층 에너지 효율 개선' 사업을 포함한 5개가 전부였다. 규모도 전체 예산(11조8828억 원)의 0.96퍼센트에 불과했다. 그뿐만 아니라 국회예산정책처에서 검토한 바에 따르면,●● 온실가스 감축에 기여하는 것이 아닌데도 마치 그러한 것처럼 사업이 부풀려져 책정되어 있었다. 그 규모는 1조9698억 원(온실가스 감축 인지 전체 예산의 약 16.6퍼센트에 해당)에 달했다. 결국 온실가스감축인지 예산서도 IPCC 보고서처

●● 국회 예산정책처는 국회 지원 기관으로, 국가의 예산 결산·기금 및 재정 운용과 관련된 사항에 관하여 연구 분석·평가하는 보고서를 정기적으로 발간해서 의원실로 보내 준다. 국회 보좌진들은 예·결산 심의를 위한 상임위원회가 열리면 이 기관에서 나오는 보고서를 검토하고 상임위원회의 의원 질의서 작성에 참고한다.

럼 쓰인 것보다 쓰이지 않은 것이 더욱 중요한 사실이 있다는 것이 드러났다. 이 예산서를 작성한 공무원들은 이 내용을 몰랐을까? 그중엔 누군가 '공무원 반란'이라도 해야 했던 것 아닐까.

예산서를 덮고 '이러려고 탄소중립법을 만들었나' 깊은 한숨이 나왔다. 역시 아무리 법에 영혼을 담아도 디테일에 반드시 악마가 있으니, 감시하지 않으면 도처의 악마에게 꼼짝없이 사로잡히게 될 형국이다. 기후 위기가 사회에서 가장 약한 사람의 목숨부터 위태롭게 한다는 사실은 몇 차례 경험으로 슬픈 상식이 됐다. 지난 집중호우 때 우리 모두가 아프게 목격한 서울 신림동 반지하 세 가족의 죽음도 그러했다. 우리나라의 대부분 인프라가 50~100년 빈도의 강우량에 맞게 설계됐는데, 2022년 중부지방의 집중호우는 150년 만의 기록이었고 2020년 섬진강 유역의 홍수는 500년 만에 온 것이었다. 150년에 한 번, 500년에 한 번 기록될 만한 강우량을 매년 기록하고 있으니, 지금 이대로는 인간이 당해 낼 도리가 없다.

탄소중립법의 가장 중요한 취지는 온실가스 감축 정책은 후퇴할 수 없고 해서도 안 된다는 것과, 기후 위기에 사회적·경제적 불평등이 심화되지 않도록 취약한 계층의 지원 대책과 재난 대비 역량을 강화하는 방안을 마련하는 것이었다. 정부가 잘못 가면 국회가 더 감시해야 할 일이다. 눈에 힘주고 도처의 악마를 찾아내야겠다.

'과학자 반란'은 소식지의 한 부분 '과학자들이 행동해야만 하는 이유'에서 이렇게 말했다. "이 행동으로 우리는 우리가 기후 위기를 얼마나 두려워하는가뿐만 아니라, 얼마나 대규모의 세계적 시민 저항이 해결책의 일부가 되어야 하는지를 세계에 보여 줄 것이다." 기득권이 가장 두려워하는 것은 참여하고, 저항하는 것이다. 거리의 시민이 기후 정의를 앞당길 것이다. 거리에서의 참여와 저항으로, 쓰이지 않은 진실을 목소리로 쓰자.

재난을 마주한
정부의 책임, 법의 역할

대한민국을 관통하는 「재난 및 안전관리 기본법」(재난안전법)은 유족들의 눈물로 만들어졌다.

○ 1994년 성수대교 붕괴 사건

→ 1995년 「시설물의 안전 관리에 관한 특별법」 제정(현 「시설물의 안전 및 유지관리에 관한 특별법」): 시설물 안전과 유지 관리 주체의 지정, 국가와 지방자치단체의 의무 지정.

○ 1995년 삼풍백화점 붕괴 사건

→ 1995년 '재난관리법' 제정: 국가와 지방자치단체 등의 재난 관리에 대한 책무 규정, 정부의 재난 관리 총괄 기구로서 국무총리를 위원장으로 두는 중앙안전대책위원회 설치, 재난이 발생한 경우 그 효율적인 수습을 위해 당해 지방자치단체에 지역사고대책본부 설치·운영.

○ 2003년 대구지하철 방화 사건

→ 2004년 「재난 및 안전관리 기본법」(재난안전법) 제정: 현행 재난안전법의 근간이 되는 법. 국가와 지방자치단체의 새로운 재난 대응 관리 체계 확립. 재난 관리 전담 기구인 소방방재청도 출범함.

○ 2014년 세월호 침몰 사건

→ 2014년 '재난안전법' 개정: 분산된 재난 안전 기능을 통합하고 재난 대응 체계를 정비하는 대대적인 개편을 이룸. 대규모 재난 발생시 특별재난지역 선포에 관한 사항은 국무총리가 책임지도록 하고, 재난 대응과 복구 총괄·조정 기능은 행정안전부 중앙재난안전대책본부가 맡도록 함.

열거한 사건 중 어느 하나 무겁지 않은 것이 없다. 대형 참사 보도를 처음 접했을 때, 이 땅에 사는 모든 사람들은 그날 그 시간 각자 무엇을 하고 있었는지 낱낱이 기억날 것이다. 재난이 그렇다. 각각의 참사가 각자의 인생에 들어와서 박힌다. 붕괴되고 쓰러진 건 건물이나 지하철과 선박뿐만이 아니다. 안전하다 믿었던 국가와 사회에 대한 우리의 믿음 체계도 포함되니, 참사 직후 우리 모두는 함께 무너진다.

엄마는 구급차 안에서 2시간 동안 딸의 얼굴을 쉼 없이 어루만졌다. "차가운 얼굴만 만지고 있었어요. 아이가 반응이 없더라고요. 그날 이후로 멈춘 거 같아요. 저는 지금도 그 구급차 안에 있어요."●

재난을 직접 겪은 사람에게는 물론이고 그것을 지켜보는 시민에게도 각자의 삶이 재난 이전과 이후로 나뉜다. 그리하여 재난의 속성은 정박과 억류다. 우리 모두의 시간이 단 하나의 사건에 붙들려 앞으로도 뒤로도 가지 못하고 있다.

그러면서도 재난의 끝에 법을 만드는 이유는 무엇인

● 2022년 12월 8일 자 『한겨레』, "눈 감은 널 2시간 쓰다듬었어, 엄마랑 얘기하는 거 좋아했잖아".

163

가. 재난이 발생한 뒤 법을 만든다고 해도 소급 적용되는 사안은 극히 적다. 그럼에도 유족과 국회가 기필코 법을 만들어 내는 이유는 단 하나. 너무나 급작스러워 작별 인사도 남기지 못한 죽음에 대한 회한, 살릴 수 있었는데 살리지 못한 죄책감, 이 고통스러운 사건이 다시는 일어나지 않기를 바라는 절박함, 그래서 남은 자들이 살게 될 사회는 더욱 안전할 수 있게끔 만들자는 다짐, 우리가 사는 이 공동체가 제 기능을 할 수 있기를 바라는 간절한 마음 때문이다. 이런 공적인 마음들이 멈춰 있던 시간을 다시 앞으로, 앞으로 가게 해 주었다. 우리 사회가 다시는 똑같은 위기를 겪지 않기를 바라는 마음은 법문에 이렇게 담겼다.

「재난 및 안전관리 기본법」 제2조(기본 이념)
"이 법은 재난을 예방하고 재난이 발생한 경우 그 피해를 최소화하는 것이 국가와 지방자치단체의 기본적 의무임을 확인하고, 모든 국민과 국가·지방자치단체가 국민의 생명 및 신체의 안전과 재산 보호에 관련된 행위를 할 때에는 안전을 우선적으로 고려함으로써 국민이 재난으로부터 안전한 사회에서 생활할 수 있도록 함을 기본 이념으로 한다."

82조의 세세한 조문으로 구성된 재난안전법의 골자는 오히려 단순하다. 재난에 대한 국가 책무, 대규모 재난의 대응과 복구를 총괄·조정하는 절차, 그리고 국가의 재난 예방 의무가 담겼다. 세월호 참사를 두고 "청와대 국가안보실은 재난의 컨트롤타워가 아니다"라고 했던 청와대 대변인의 말이 이 법 개정의 도화선이 됐다. 국가가 자신의 역할을 부인함으로써 오히려 명확하게 확인시켜 준 역설이다. 세월호 참사가 우리 사회에 남긴 유산은 재난 관리 체계의 핵심은 컨트롤타워를 정확하게 세우는 것이며, 국가는 공동체 존속을 위해 무한한 책임을 져야 한다는 기본 원칙의 확인이었다. 재난의 끝에 법을 만드는 이유는 바로 이것이다. "우리 아이는 가고 없지만 우리 사회에서 다시는 이런 일이 일어나지 않을 수 있도록……."

앞으로도 뒤로도 가지 못해 붙들린 시간을 흘러가게 하고 국가와 사회에 대한 무너진 신뢰를 다시 세움으로써 되레 유가족이 우리 사회를, 남은 자들을 돌봤다. 그런데 정작 공인들의 마음은 공적인 곳으로 향해 있었나.

피해자가 공동체를 염려할 때, 책임자는 본인의 안위만 걱정했다. 대통령의 '주최 없는 축제'라는 발언과 행정안전부 장관의 "경찰과 소방 인력을 미리 배치함으로써 해결할 수 있는 문제는 아니었다"는 부인은 재난안전법에 눅진하게 묻어 있는 회한과 죄책감과 절박함과 다짐의 마음을 일거에 배반한다.

대통령이 참사 현장에 가서 했다는 "여기서 그렇게 많이 죽었단 말이야?"라는 발언은 수사의 칼날을 들이댈 검사의 말이지, 국가 통치자의 말이 아니다. 또한 참사 발생 뒤 진행된 정부 브리핑에서 "예년과 비교했을 때 특별히 우려할 정도로 많은 인파가 모였던 것은 아니다"라는 발언은 형사 사건 피의자 변호인이 할 법한 말이지 부처 장관의 말이 아니다. 재난 총괄 책임이 있는 국무위원이 상처 입은 국민에게 해서는 안 될 말이었다. 우리 사회가 참사의 트라우마를 딛고 재난의 컨트롤타워라 합의해 온 행정부의 수반에게 물은 질문에 검사와 피의자 변호인이 답한 형국이다. 안전의 최고 책임자는 부재하고 검사와 피의자 변호인만 있는 사회는 결코 앞으로 갈 수 없다. 시민을 정박되고 억류된 재난 상태에 머무르게 하거나 더욱 뒤로만 가게 할 뿐이다.

대통령은 공동체적 책임이 무엇인지 모르지 않았다. "위기 상황에서 정부가 국민을 어떻게 보호하느냐에 그 정부의 존재 이유가 있는 것인데 이 정부는 정부의 존재 이유를 증명하지 못한 것 같습니다." 현 대통령의 검찰총장 시절 발언이다. 책임을 아는·자가 부인하는 이유는 자칫하다가는 정말 책임지게 생겨서이거나 상대를 공격하는 수단으로만 책임을 인지하기 때문이다. 어느 쪽이든 공직자로서의 판단이 아니다. 정부의 존재 이유를 스스로 상실시켰다.

도무지 정부 고위 관료들의 말이 이해가 되지 않아 최근 대법원 판례도 찾아봤다. 판례를 보니 오히려 공무원이 마땅히 지켜야 할 준칙이나 규범이 법에 국한되지 않았으며, 법령에 근거가 없더라도 국민의 생명을 지킬 의무가 "초법규적으로" 존재했다.• 국가는 법이 있든 없든, 매뉴얼이 있든 없든, 재난 컨트롤타워로서의 책임을 벗어날 방법이 없었다.

> (공무원의) '법령 위반'이란 엄격하게 형식적 의미의 법령에 명시적으로 공무원의 작위 의무가 규정되어 있는데도 이를 위반하는 경우만을 의미하는 것은 아니고, 인권 존중·권력 남용 금지·신의성실과 같이 공무원으로서 마땅히 지켜야 할 준칙이나 규범을 지키지 않고 위반한 경우를 포함하여 널리 객관적인 정당성이 없는 행위를 한 경우를 포함한다. 따라서 국민의 생명·신체·재산 등에 관

• 법률 유보의 원칙에 따라 국민의 기본권을 제한할 때는 반드시 법에 근거 조항이 필요하다. 반면 국민의 기본권을 보호할 때는 법 조문이 필요치 않다. (문자 그대로 '무한 책임'이라는 것이 여기서 드러난다.)

하여 절박하고 중대한 위험 상태가 발생하였거나 발생할 우려가 있어서 국민의 생명·신체·재산 등을 보호하는 것을 본래적 사명으로 하는 국가가 초법규적, 일차적으로 그 위험 배제에 나서지 않으면 형식적 의미의 법령에 근거가 없더라도 국가나 관련 공무원에 대하여 그러한 위험을 배제할 작위 의무를 인정할 수 있다.

— 대법원 2022년 7월14일 선고 2017다290538 판결

이 판례 때문인가. 정부는 애초 사고엔 '정부' 책임이 없다고 하더니 이제는 '우리' 책임이 아니라고 말을 바꿨다. 이때의 '우리'는 '윗선'만을 일컫는다는 것을 모두가 안다. 경찰청 특별수사본부의 최종 수사 결과는 용산경찰서장, 용산구청장 등 '우리 아닌' '용산'으로만 향했다. 시민은 이 기막힌 사태를 '이태원 참사' 못지않게 심각한 '수습 참사'라고 불렀다.

2014년 어느 날, 세월호 유가족들이 아이의 영정 사진을 품에 안고 아스팔트 바닥에 앉았다. 대통령 면담을 요구하며 청와대 방향으로 행진하다가 끝내 경찰에 막혀서 오도 가도 못하고 모두 그 자리에 주저앉았다. 저 끄트머리쯤 같이 앉아 있던 나는 유가족들의 대열 속에서 몸속 깊

숙한 곳에서부터 끓어오르는 울부짖음을 들었다. 그리고 2022년 겨울, 같은 울음소리를 국회 이태원 참사 국정조사 장에서 들었다. 책임자가 자기 책임을 지지 않으면 이렇게 우리 모두가 과거의 시간에 갇힌다.

다시 회한과 죄책감으로 우리 공동체가 눈물로 만들어 낸 법의 정신을 본다. 책임을 회피하고, 애도를 조각내고, 저항하는 시민을 '선동'이라 부른 정부에 대해 시민은 너무나 많은 의문을 갖고 있다. 우리 사회는 왜, 어쩌다 사람이 걷다가 죽을 수도 있는 곳이 됐는지, 무엇 때문에 터져나오는 울분과 애도를 막고 있는지 아직도 제대로 된 답변을 듣지 못했다.

현장 구조를 도운 이태원 참사 피해자는 이렇게 말했다.

"(의료진이) 이분 손이라도 모아 드리라고. 시신이 대자로 있으니까 다리랑 손 좀 모아 달라고 하시더라고요. 그대로 굳으면 나중에 힘든가 봐요. 관에 들어갈 때나 이럴 때. 그래서 그때부터는 (시신의) 손을 모으고 다녔어요. 뭐라도 해야 할 것 같아서. 돌아가셨지만 고생이라도 덜 하시게 손을 계속 모으고 다녔어요."●

이뿐만 아니라 현장에 있던 사람들은 심폐소생술을

시도한 시민이 너무 많아 셀 수 없을 정도였다고 증언했고, 인근 가게에서도 문을 열고 다친 사람들이 누울 공간을 제공하고 물을 주며 구조에 동참했다고 한다. 정부 없는 대한민국에서 시민은 이렇게 연대했다. 시민은 "뭐라도 해야 할 것 같아서" 점점 의식이 옅어지는 사람들을 부여잡았다. 그러고도 책임질 사람이 방기한 책임까지 떠맡아야 했다.

국회의 국정조사마저 빈손으로 끝나고 행정안전부 장관에 대한 헌법재판소의 탄핵심판도 기각되었다. 이태원 참사 유가족들의 시간은 '그날'에 붙들려 있다. 아직 물음은 끝나지 않았다. 남은 자들이 살아갈 공동체를 더 안전하게 만들겠다는 각오와 결심으로, 마지막 인사도 남기지 못한 채 이별하게 된 영혼들의 목소리까지 대리해서 묻고 또 물어야 한다.

‿ ‿ ‿ ‿ ‿ ‿ ‿ ‿ ‿ ‿ ‿ ‿ ‿ ‿

당신의 광장 값은
얼마입니까

"시신을 볼모로 싸운다고요? 이틀마다 신랑의 관 뚜껑을 열고 드라이아이스를 채워 넣을 때마다 제 가슴이 찢어집니다. 하루하루가 지날 때마다 조남호 한진중공업 회장의 속이 타겠습니까, 아니면 유족의 속이 타겠습니까."●

시간이 아무리 많이 흘러도 울음을 참을 수 없는 장면이 있다. 죽어서 국회에 도착한 사건이 내게 그렇다. 10여 년 전, "태어나 듣지도 보지도 못한 돈 158억. 손해배상소송 철회하라"라는 말을 남기고 간 1978년생, 전국금속노조 한진중공업지회 최강서 님. 그는 죽어서도 장례식장으로 가지 못하고 영도조선소 노상에 놓였다. 한겨울이었지만

● 2013년 2월 19일 『매일노동뉴스』, 「시신을 볼모로? 이틀마다 드라이아이스 바꾸는 심정 아나」

부산은 영상 6도였다. 시신이 상할까 봐 수시로 유족과 동료 조합원이 관 뚜껑을 열고 드라이아이스를 채워 넣었다.

그로부터 10여 년이 지난 지금, 나는 아직도 가끔 관 뚜껑을 열어 최강서 님의 얼굴을 대면하는 꿈을 꾼다. 마치 정말 봤던 것처럼 생생한 그 얼굴을 보고 소스라치게 놀라 깬다. 최강서 님 사망 직후 우리 의원실에서 한 일은 경찰에는 노동자 신변 안전 요구를 하고, 국가인권위원회에는 주검이 훼손되지 않도록 농성장에 드라이아이스를 반입할 수 있게 긴급구제 요청을 하는 것이었다. 매일 이런 식.

"의원실 보좌관 이보라입니다. 지금 현장에 계시는 경찰서장님과 경비과장님 성함과 전화번호가 어떻게 되시죠?"

"말씀드릴 수 없습니다."

"경찰이 공무를 집행하고 있는데 담당자의 이름과 번호를 국회에 알려 줄 수 없다는 게 무슨 말씀입니까?"

"제가 알려 드릴 수 없습니다."

"아니, 지금 현장이 아수라장이라고 하는데 누구 하나 다치기라도 하면 경찰도 곤란한 거 아니에요? 누군가는 조정해야 하는 것 아닙니까! 저희가 할 테니 얼른 책임자 전화번호 알려 주세요. 이렇게 지체할 시간이 없어요."

"드릴 수 있는 말씀이 없습니다."

뚜뚜뚜…….

우리가 할 수 있는 일이 이것밖에 없음에 절망스러웠고, 드라이아이스가 빨리 녹는 따뜻한 겨울이 원망스러웠다.

다시 10년 뒤인 2022년, 아스팔트가 절절 끓는 한여름. 0.3평에 몸을 가둔 그의 날선 눈빛에 마음이 베였다. 유최안 전국금속노조 조선하청지회 부지회장이 신문 1면에 일제히 실렸던 그날은 종일 일이 손에 잡히지 않았다. 대우조선해양 하청 노동자들의 51일에 걸친 파업은 가까스로 종결됐지만 진짜 문제는 지금부터였다. 10년 전 고 최강서 님이 외치고 10년 후에는 유최안 부지회장이 끝까지 해결을 요구한 손해배상·가압류 문제다. 내가 경험한 건 최근 10년뿐이지만 쟁의 행위에 따른 손해배상 책임이 법원에서 인정된 것은 1990년이다. 이후 노동자의 쟁의 행위에 대한 탄압이 무려 30년간 이어졌지만 입법부·사법부·행정부 어느 곳에서도 해법을 못 낸 사이에 노동자들은 이렇게 저마다의 파업을 위해 광장을 쓴 대가로 터무니없는 값(광장 값)을 치르다 죽어 가고 있다.

설명하지 않음으로써 오히려 권한이 강해지는 언어가

있다. 대통령에게는 '통치 행위', 국회에서는 '정무적 판단', 검경에는 '수사 중 사안', 기업에는 '긴박한 경영상의 필요'라는 말이 그것이다. 주장하는 자가 설명의 책임을 지지 않아도 되는 절대 반지. 권력 기관이 자신의 권력을 강화하는 오래된 레토릭이다.

지난 30년간 노동자의 헌법적 권한은 '긴박한 경영상의 필요'라는 말에 번번이 무너졌다. 심지어 '경영권'이라는 말은 국내 법률 체계 어디에도 없는 가상의 권리다.• 그럼에도 기업이 주장하면 법원이 대부분 그대로 받아 노동자에게 손해배상 책임을 묻는 역사를 반복해 왔다. 2020년 현재 노동자에 대한 손해배상 소송은 총 24개 사업장에서 59건이 진행 중이거나 완료됐고, 손해배상 청구 금액(누적치)은 총 658억5028만7618원이다.•• 민주공화국의 시민이 헌법에 주어진 노동 3권(단결권·단체교섭권·단체행동권)을 행사한 대가가 이렇게 참혹하다.

권위주의 정권하에서는 공권력을 이용해 파업에 참여한 노동자를 체포·구속하는 방식으로 진압했지만, 이제는 민사상 손해배상을 조합원 개인에게 청구하는 방식으로 압박한다. 월급·자동차·부동산 등을 가압류하고 그것도 모자라 신원보증인에게 연대 책임을 물린다. 노사 간 비대칭

• 시민단체 '손배가압류를 잡자! 손에 손을 잡고'(이하 '손잡고')·재단법인 공공상생연대기금 2022년 6월 30일 국회 토론회 '헌법, 노조법과 손해배상가압류' 자료집.

•• 같은 글.

적 권력관계에서 교섭력을 갖추려면 노동자가 모여야 한다. 하지만 이렇게 손배소를 통해 조합원 각자에게 경제적 책임을 지우는 방식은 단결권을 쪼개 놓는 전형적인 분할 통치 기술이다.

기업의 목적은 승소가 아니다. 사용자는 전략적으로 노동자를 위축시키는 도구로 손배소를 활용한다. 이를 전략적 봉쇄 소송SLAPP: Strategic Lawsuit Against Public Participation이라 부른다. 대우조선해양의 사측은 연봉 3400만 원인 노동자들에게 파업에 따른 손실액으로 470억 원을 배상하라는 소송을 제기했다. 노동자의 지급 능력을 넘어서는 천문학적인 액수를 일단 '경영상의 손실'로 청구하고 나면, 사측은 사용자에게 유리한 법원의 판단을 기다리거나 알아서 노조가 와해되기를 기다리거나 둘 중 하나만 하면 된다.

실제로 대법원에서는 쟁의 행위가 정당성을 가지려면 ① 쟁의 행위 '주체'가 단체 교섭의 주체가 될 수 있는 자이어야 하고 ② '목적'이 근로 조건의 향상을 위한 노사 간의 자치적 교섭을 조성하려는 것이어야 하며 ③ '시기'는 사용자가 근로자의 근로 조건 개선에 관한 구체적인 요구에 대하여 단체 교섭을 거부하거나 단체 교섭의 자리에서 그러한 요구를 거부하는 회답을 했을 때 시작하되 특별한 사정이 없으면 조합원의 찬성 결정 등 법령으로 정하는 절차를 밟아야 하고 ④ '수단과 방법'이 사용자의 재산권과 조화를 이루어야 함은 물론 폭력의 행사에 해당되지 않아야 한다고 판시하고 있다(대법원 2001년 10월 25일 선고, 사건번호 2001구24388).

'(파업)해 볼 테면 해 보라지'라는 격이다. 상황이 이러하니 손해배상·가압류 기간 중 조합원이 급감했고(조합원이 50퍼센트 감소한 노조 74.1퍼센트, 50퍼센트 미만 감소한 노조 12.4퍼센트),● 희망 퇴직이나 노조 탈퇴를 조건으로 사측이 조건부로 소를 취하하기도 했다.●●

기업이란 경영자의 경영 행위만이 아니라 노동자의 노동으로 구성되는 것인데, 왜 헌법상 아무런 권한 없는 경영권은 중시하면서 국민의 일할 권리와 노동 조건을 향상하려는 노동 3권은 종속적인 개념으로 취급하는 것일까. 노동자의 노무 제공 거부는 사업을 방해하는 것으로 여기고 말이다. 노동조합이 파업에 돌입하는 과정에서 사측이 교섭에 성실하게 임하지 않았다면, 회사에 업무 방해나 배임 책임을 져야 하는 주체는 경영진 아닐까. 그러나 노동자

● 박주영 외, 「갚을 수 없는 돈, 떠나는 동료, 아픈 몸: 2018 손해배상·가압류 노동자 실태조사」, 『보건사회연구』 40(3), 2020.
●● 시민단체 '손잡고'와 재단법인 공공상생연대기금이 '손배가압류 소송 기록 아카이브' 사업을 통해 2021년 4월부터 2022년 5월까지의 각종 소송 기록을 수집한 결과이다.

의 노동조합 할 권리의 근거가 되는「노동조합 및 노동관계
조정법」(노동조합법)은 기본 원칙부터 '금지'로 점철되어
있다.

> 「노동조합 및 노동관계조정법」 제37조(쟁의행위의 기본
> 원칙)
> ① 쟁의 행위는 그 목적·방법 및 절차에 있어서 법령 기타
> 사회질서에 위반되어서는 아니 된다.
> ② 조합원은 노동조합에 의하여 주도되지 아니한 쟁의 행
> 위를 하여서는 아니 된다.
> ③ 노동조합은 사용자의 점유를 배제하여 조업을 방해하
> 는 형태로 쟁의 행위를 해서는 아니 된다.

노동조합법은 100여 개 조항 가운데 40여 개 항목의
형벌 조항과 과태료 부과 조항을 두고 있으며 쟁의 행위와
관련해서는 최고 5년 또는 3년 이하의 징역형에 처하도록
한다. 1953년 제정된 최초의 노동조합법과「노동쟁의조정
법」조차 벌칙 조항은 10개가 조금 넘고 벌칙 내용도 최고
6개월 이하 징역이나 구류·과료·벌금형이 전부였다. 현행
노동조합법의 골간은 1961년 5·16 쿠데타 이후 만들어졌

다. 지금의 노동법이 노동자를 위한 법이기보다는 일제 강점기 치안경찰법적인 성격●을 가진 이유다. 우리 사회는 밖으로는 그렇게 글로벌 스탠다드를 외치면서도 안에서는 여전히 '노동조합 활동 = 빨갱이'라는 인식에서 한 뼘도 나아가지 못했다.

　독일·영국·프랑스·일본은 불법 파업에는 손해배상을 청구할 수 있는데, 독일은 특별한 경우를 제외하고 사용자가 노동조합이나 근로자를 상대로 손해배상을 청구하는 일이 거의 없으며, 영국은 노동조합에 대한 손해배상 청구를 할 때 노동조합 규모에 따른 상한액을 별도로 두고 있다. 손해배상 청구가 없는 이유는 소송에서의 논란과 불확실성, 분쟁의 결과를 뒤돌아보는 것보다는 앞으로 나아가는 것이 낫다는 당사자의 필요 때문이다.●● '앞으로 나아간다.' 여러 번 곱씹게 되는 말이다.

　손해배상·가압류를 제한하고 신원보증인의 책임을 면제하는 등의 내용이 담긴 '노란봉투법'이 19대·20대·21대 국회에서 계속 발의되었지만 진전되지는 못한 채 어렵게 한 걸음씩 가고 있다. 광장은 공공재이자 헌법적 권리다. 그것에 값이 있을 수 없다. 광장에 모인 대가를 나, 가족, 연대보증인인 지인에게까지 청구하면 필연적으로 가족 안

● 조경배, 「한국의 쟁의행위와 책임」(노동법학, 2014)
●● 조경배, 「2022년 조선업의 위기 토론회 자료집」에서 재인용.

에서 다투게 되고 동료 간에 반목하게 된다. 그런 상황이라면 노동자가 광장 값을 목숨으로 치르는 참혹한 현실은 또다시 벌어질 것이다. 노동자가 다치고 병들면 가족도, 기업도, 국가도 모두 앓을 수밖에 없다. '귀족 노조'라는 악마화가 오히려 우리 사회의 공익을 해치는 이유다.

말하는 주검,
듣지 못하는 국가

"목소리 없는 자들에게 자기 목소리를 되찾게 하고 보이지 않는 자들에게 자기 몫을 확인케 하는 국회로……"

국회에서 연설문을 쓸 때 내가 가장 많이 쓰는 문구다. 쓸 때마다 예전 일을 복기하고 현재를 점검하고 앞으로를 결심하게 된다. 국회에 있으면서 세월호 사건과 가습기살균제 사건 등 사회적 참사와 산업재해 사망자들을 바로 옆에서 보았다. 원인을 알 수 없는 죽음, 책임 소재가 불분명한 죽음이 너무 많다. 그 죽음에 제각각 다 제 말이 있을 텐데, 기자와 카메라가 한바탕 휩쓸고 난 뒤 여전히 이유 모를 죽음만 덩그러니 남는 일을 참 많이도 목격했다. 이때부터 매해 통계청의 '사망 원인 통계 결과'를 보는 습관이 생겼다.

통계청 '사망 원인 통계 결과'의 '사망 원인별 사망자 수 및 사망 원인 구성비'에 따르면 2020년 30만4,948명이 숨졌는데, 그중 '달리 분류되지 않은 증상·징후에 의한 사망'은 3만1801명으로 전체 사망자의 10.4퍼센트이다. 10명 중 1명은 왜 죽었는지 모르는 죽음이라는 얘기다. 심지어 원인 불명 사망은 계속 늘어, 2010년에 견줘 23퍼센트나 증가했다. 같은 통계에서 악성신생물(암)로 인한 사망이 8만2204명, 심장 질환으로 인한 사망이 3만2347명으로 각각 사망원인 1·2위이고, 원인 불명 사망이 바로 그 뒤를 잇는다. 이렇게 과학수사가 발전한 사회에서 우리나라 사람들이 '원인 불명이라는 원인'으로 죽고 있다.

세계보건기구WHO의 국제 표준 질병·사인 분류 기준에 의해 '달리 분류되지 않은 증상, 징후와 임상 및 검사의 이상 소견'에 의한 죽음, 쉽게 말해 왜 죽었는지 이유를 모르는 사망에는 'R코드'가 부여된다. 2018년 미국의 전체 사망자는 281만여 명인데 그중 사인불명은 3만2750명(1.2퍼센트)에 불과하다. 주요 OECD 국가들도 마찬가지로 사인 불명은 1~2퍼센트 수준이다. 이런 데이터 차이는 사인을 법률적·의학적으로 규명하는 검시관 제도 차이에서 나온다. 주검에는 목소리가 있다. 주검은 말을 하는데 이를 보고 들을 검시 제도가 충분치 않은 탓이다.

검시檢屍는 변사체의 사망 원인을 밝히고자 검안·부검 등의 의학적 방법으로 변사체를 검사하는 것이다. 우리나라에선 「형사소송법」 제222조에 따라 변사자 주검의 소재지를 관할하는 지방검찰청 검사가 검시하게 돼 있다. 이 두 문장 사이의 간극이 전체 사망자의 10퍼센트에 이르는 원인불명 사망자를 만든다. 즉 한국의 검시 제도는 검사의 영장에 의해 부검이 집행되므로 변사자의 사망 원인을 밝히는 일이 의학적 소견이 없는 검사의 판단에 좌우된다. 게다가 「형사소송법」은 범죄 의심이 있는 변사變死에 대한 사법적 부검을 규정하는지라, 범죄 의심은 없지만 사인 규명이 필요한 행정적 부검은 사실상 이뤄지지 않고 있다.

이 때문에 2002년 대통령 직속 기구인 의문사진상규명위원회는 "검사는 주검에 대한 전문적인 지식이 없고 검시를 담당할 수 있는 의사의 경험이나 전문성을 달리 고려하지 않을뿐더러, 자격을 갖춘 의사라 할지라도 형사 소송 절차의 전 구조를 이해하지 못한 채 수사 과정에서 검찰이나 경찰에 종속되므로 실체적인 진실의 발견이나 인권 보장이라는 두 가지 목표를 모두 놓치고 있다"라고 지적했다.

제대로 사인을 규명하려 한다면, 변사체가 발견되었을 때 과학적 근거를 가지고 사인을 판단할 수 있는 의사(법의학자)가 주검의 겉모습을 검사해서(검안) 겉모습만으로 알 수 있는 정보를 알려 주고 그 정보에 따라 부검 여부를 결정해야 한다. 검안으로 사인을 결정할 경우 그 사인에 대해서는 법의학자가 책임져야 한다. 그런데 우리나라는 법의학자의 절대적 부족으로 이 중요한 문제를 아래의 '대행자'들에게 맡기다 보니 서로 책임을 전가하기 쉬운 구조이다.

○**응급의사**는 환자가 숨지면 일단 경찰에 신고하지만 사인을 조사하거나 판단하지 않고 ○**경찰 지구대**에서는 변사 사건에 대한 인적 사항과 발견 시간 등을 확인하고 당직 형사에게 인계하면 ○**담당 형사**는 외부 침입 흔적이 없는 경우라면 병사病死 같긴 하나 사인 판단은 의사 소관이라고 본다. 또한 ○**검시조사관**은 의사는 아니므로 한계가 있고 ○**검안의사**는 경찰 의견대로 병사 진단서를 써 주긴 하지만 부검은 유족이나 형사 모두에게 권하기 어렵기 때문에 정확한 원인은 알 수 없다 판단하며 ○**최종 담당 검**

사는 검사 역할을 대행한 경찰의 수사가 만일 잘못된다면 경찰 책임, 이렇게 되는 구조다.●

실제 제대로 된 검시 제도가 없다 보니 의사가 병사 이외의 진단을 하면 의사가 많은 행정적 부담을 지게 되어 병사를 선호하는 관행이 자리잡았다고 한다. 게다가 국립과학수사연구원에서 실시한 부검을 분석한 결과, 사망진단서·검안서에 적힌 사망 원인과 부검 뒤 사인이 다르거나 '심(폐)정지' 등 사인이 잘못 기재된 사례가 76.2퍼센트에 달했다. 이는 의학적 증거 문서로서의 가치를 상실한 것이다.●●

검시 제도의 독립성도 문제다. 윤석열 정부 출범 직후 여성가족부 장관 인사 청문회에서도 보았듯이 백남기 농민이 숨지기 전에 부상을 입은 이후 '병원 이송→수술 집도→사망진단서 발급→부검 시도'의 전 과정에서 의료적 동기 외에 경찰과 청와대의 개입이 있었던 것이 인정됐다. 정치적 유불리에 휘둘려 사망 원인을 '병사'라 한 것도 모자라 (서울대병원은 2017년 6월 15일 공식적으로 피해자의 사망 원인을 당초 병사에서 외인사로 수정·변경했다), 백남

● 양경무, 「검시관 제도는 왜 필요한가? '사인을 밝혀 이른 사망을 방지하기 위함」, 2020년 7월 16일 검시관 제도 도입을 위한 토론회 '자살인가, 타살인가?' 발제문(진선미·남인순·박완주 국회의원 공동 주최)

●● 나종인 외, 「시체검안서 또는 사망진단서와 부검 후 사인의 불일치에 대한 연구 (II)」(대한법의학회지, 2012)

기 농민이 숨지기 훨씬 이전부터 피해자 사망을 대비해 대검찰청과 부검 절차 등을 논의한 사실도 밝혀졌다(경찰청 인권침해사건 진상조사위원회, 2018). 국가가 개입한 사건은 정치적 의도로 취약해지고 국가가 개입하지 않은 사건은 아예 관심 밖이라 취약하다.

우리 사회는 혹독한 군부 독재를 경험하면서 국가가 가해자인 의문사를 너무 많이 겪었고 이러한 국가 폭력에 민주적 통제를 해 오면서 우리의 민주주의도 그만큼 진보했다. 그러나 국가가 국민을 덜 때리는 데서 국가의 효능감을 찾을 수는 없지 않나. 사인이 불명확한 경우 그 원인을 밝혀 억울한 죽음을 막는 것이 국가의 의무다.

미국에서는 『CSI』나 『NCIS』 같은 수사물로 'CSI 효과'라는 말까지 생겼다. 모든 범죄는 '황금 기준'인 과학적 증거를 남기며 이런 증거가 범죄를 해결할 수 있다는 대중적 믿음이 확산된 것이다. 우리나라에서도 텔레비전 프로그램 『그것이 알고 싶다』부터 시작해 『알쓸범잡』『꼬리에 꼬리를 무는 그날 이야기』『블랙: 악마를 보았다』『용감한 형사들』까지 쏟아지는 수사물로 국민의 과학수사에 대한 기대는 날로 높아지는데 원인 모를 죽음으로 변사자가 될 가능성이 OECD 국가 중 1위라니, 죽음이 얽힌 사건에 들어가면 도처에 아이러니가 넘친다.

국회에서는 무려 18년 전인 2005년에 유시민 의원의 '검시를 행할 자의 자격 및 직무 범위에 관한 법률안'을 비롯한 몇 건의 법안이 발의됐으나 제대로 논의되지 않은 채 폐기됐다. 지역구 사안이 아니고 대상이 되는 사람들이 결사돼 있지 않은 법안은 가장 후순위로 밀린다. 제21대 국회에는 법의관의 자격과 직무 수행의 독립성, 법의관의 양성과 검시 업무에 관한 전반적인 사항을 규정하는 '검시를 위한 법의관 자격 및 직무에 관한 법률안'(더불어민주당 진선미 의원 대표 발의)이 제출돼 있다.

팬데믹을 겪으며 우리는 소중한 사람과 마주 앉아 안부를 묻고 밥 한끼 나눠 먹는 일상이 얼마나 소중한지 알게 됐다. 사랑하는 사람이 죽어도 시간이 흐르면 탈상하고 차츰 일상으로 돌아온다. 그러나 원인을 알 수 없는 죽음을 겪은 이의 일상은 절대 회복되지 않는다. 헤어짐의 원인을 알아야 이해하고 납득하며 받아들일 수 있기 때문이다. 지금도 국회 앞에는 여전히 상복 입고 커다란 팻말을 든 이들이 각자 다른 이유로 1인 시위를 하고 있다. 내 책상에도 원인모를 사망 사건을 규명해 달라는 의견서와 청원 서류가 쌓인다. 목소리 없고 보이지 않는 자들이 최종적으로 기대는 언덕이 바로 여기 국회다. 말하는 주검의 목소리를 제대로 듣고 유가족이 거리에 내몰리지 않고 집에서 밥 한끼 나눠 먹는 일상을 살 수 있도록 국회가 살펴야 할 일이다. 지금도 쓰면서 복기하고 점검하고 결심했으니 한 걸음 더 디뎌 봐 야겠다.

지극한 사랑을 위한 싸움●

"2022년도 예산안에 대한 수정안은 가결되었음을 선포합니다. 땅땅땅."

　　2022년도 예산안이 통과됐다. 법정시한을 하루 넘겨 12월 3일에 의결됐다. 이것은 양호한 편. 통상 예산안을 표결하는 날은 여야가 줄다리기하다가 가까스로 타결돼 새벽 3~4시에 본회의를 하는 일이 다반사다. 워낙 첨예하게 부딪치는지라 5분씩 하게 돼 있는 찬성·반대 토론은 또 얼마나 많은지. 그것까지 듣고 본회의를 마치고 흩어지면 이미 해가 떠 있다. 나가는 길에 동료들과 콩나물국밥 한 그릇 먹고, 출근하는 직장인들과 역방향으로 어깨를 부딪치며 천

● 이 제목은 『작별하지 않는다』(문학동네, 2021)에 대한 작가 한강의 인터뷰에서 빌려 왔다.

근만근인 몸으로 퇴근한 날도 많다.

내가 국회에 들어온 첫 해, 2012년 12월 마지막 날 예산안을 처리할 때도 그랬다. 당시 예산안은 '국회 선진화법'(법정 시한 안에 심사를 마치지 못하면 정부 예산안이 본회의에 자동 부의돼 그전까지의 국회 증감액 심사가 무효가 됨)으로 바뀌기 전이라, 법정 시한●을 넘겨 2013년 1월 1일 새벽 3시 58분 본회의가 열렸다. 원래는 자정을 넘기지 않으려 했으나, 제주 해군기지 예산만 남기고 여야 사이 몇 시간의 줄다리기 끝에 열린 본회의였다.●●

2012년은 제주도 강정마을에 해군기지 건설이 본격화된 해로, 450년간 마을 주민의 쉼터이자 삶터였던 '구럼비'를 발파하는 공사가 시작됐다. 구럼비는 강정마을 중턱 해안가에 널따랗게 펼쳐진 폭 1.2킬로미터 정도의 너럭바위다. 나는 그보다 몇 년 전, 제주 해군기지 문제가 아직 전국적으로 알려지기 전에 제주도 강정이라는 조그만 마을에 해군기지가 건설될 예정이라는 지역 일간지 보도를 보

● 국회에 제출된 예산안은 회계연도 개시일 30일 전에 본 회의에서 확정되어야 한다. 회계연도 개시일은 1월 1일이므로, 국회는 그 전해 12월 2일까지 내년도 예산안을 의결해야 한다.

●● 국회의 모든 회의는 '1일 1회의' 원칙에 따라 회의 당일 23시 59분까지 마쳐야 한다. 회의가 그보다 길어질 경우에는 차수 변경을 해서 산회했다가 다시 개의 의결을 해야 하며, 차수 변경 후 개의 의결할 때 정족수가 미달되면 회의가 불발된다. 이런 이유로 가급적 당일 24시를 넘기지 않으려 한다. 그러나 여야가 첨예하게 대립하는 안건의 경우는 모든 의원이 의석을 지킬 수밖에 없으므로, 차수 변경을 해서 다음 날 새벽까지 회의를 계속하는 경우가 많다.

고 무작정 제주로 갔다. 강정마을에 도착하니 마을 한가운데 마주보는 두 개의 마트가 있었고 그중 한 곳에는 해군기지 건설에 찬성을 의미하는 태극기가, 다른 한 곳에는 반대를 의미하는 노란 깃발이 걸려 있어 아찔했다. 주민이 가장 자주 이용하는 마트에서까지 이렇게 찬성·반대 의사표시를 한다는 것은 모르긴 몰라도 주민 삶 깊숙하게 해군기지 문제가 들어와 있다는 의미고, 그 일상은 이미 전쟁일 것 같았다. 외부로부터 자국민을 보호하려는 명목으로 만들어지는 군사기지가 이미 건설되기도 전에 국민 내부가 갈라지는 내전 같은 상황이 벌어지는 아이러니한 상황에 해군기지 문제의 본질이 있을 것 같은 직감이 들었다.

다시 서울로 올라와서 이번에는 짐을 싸들고 제주에 아예 살러 내려갔다. 제주 방언은 말부터 알아듣기 힘드니 잠깐 왔다갔다 해서는 주민의 이 깊은 고통을 알 수 있을 것 같지 않았다. 아는 이 한 명 없는 마을에 가서 방 한칸 빌려서는, 매일 바닷가의 너른 구럼비에 앉아 하루 종일 바다만 바라봤다. 주민은 구럼비에서 놀고, 자고, 물질하며 평생을 보냈다고 했다. 하릴없이 바다만 보던 나를 주민은 둘 중 하나라고 생각했을 것이다. 사연 있는 젊은 여자, 아니면 정신이 좀 이상한 사람으로.

좀 더 시간이 흐른 후 오며가며 자주 보던 삼춘들(제주는 성별과 상관없이 웃어른을 '삼춘'이라 부른다)은 내게서 비련도 광기도 발견하지 못했는지 두 가지 혐의를 모두 거둬 주었고, 얼렁뚱땅 나도 주민 틈에 끼어 구럼비에 앉은 채 밥도 먹고 노래도 부르고 이따금 삼춘들이 물질해 온 소라도 구워 먹으며 몇 계절을 보냈다. 강정마을 주민의 평범한 낮과 밤을, 그사이 이따금 전해지는 해군기지라는 이질적 공기의 긴장감을 함께 했다. 그때부터였던가. 낮잠 자고 소라 구워 먹었던 구럼비 바위를, 그 바위에서 평생을 보냈던 주민의 안온했던 삶을 지키고 싶다는 마음이 내 안에 들어앉았다.

　　그러던 2012년 3월 내가 사랑한 그 구럼비가 발파된다는 소식이 들렸다. 해군기지 건설의 포문이었다. 그때는 내가 제주 해군기지 문제를 다룬 석사 논문을 마치고도 3년이 흐른 뒤였는데, 구럼비를 발파한다는 소식을 듣자 가만히 있을 수가 없었다. 서울에서 나고 자라 고향이란 개념이 없던 내게 강정마을은 처음으로 고향이라는 감각을 어렴풋하게 심어 준 곳이다. 뭐라도 해야겠다 싶어 배낭에 옷가지만 대충 넣어서 바로 제주행 비행기를 탔다. 마을 주민은 이미 곳곳에서 경찰과 충돌했고 이를 알리는 사이렌

이 시도때도 없이 울렸다. 문자 그대로 전시 상황이었다. 그것은 총칼 대신 폭력과 고성이 난무하는 전쟁, 제주를 외인국 취급했던 정부에 의해 자국민(육지 경찰)이 자국민(제주도민)을 공격하는 모습이었다.

상당 기간 공적 부조가 없고 사회안전망이 부실했던 제주도에서 제주도민들은 사회 관계를 유지해 온 가장 큰 버팀목으로 '궨당 문화'를 꼽는다. '궨당'은 권당의 방언으로 제주도에서 친인척을 가리키는 말이다. 제주 사람들은 조금만 안면이 있어도 "사돈에 팔촌으로 걸린 궨당"이라는 말을 즐겨 사용한다. 고향 마을을 밝히고 계보를 따지다 보면 하다못해 사돈의 팔촌이라도 된다는 이야기다. 인연과 친분을 부계에만 한정하지 않는 궨당 문화는 육지의 문중 조직과는 전혀 다른 제주도의 특유의 지역 문화이다.

이런 문화적 배경으로, 처음 해군기지 반대주민대책위원회가 구성되어 시청·도청 앞에서 시위가 열리자 진압 경찰들이 상부의 명령을 따르기보다는 반대 주민의 편의를 봐준 일도 있었다. 시위하는 주민이나 이를 막는 경찰이나 모두 궨당이기 때문이다. 그런 일이 벌어지자 경찰은 육지 경찰을 제주로 내려보내기 시작했다. 이를 두고 제주도민들은 "정부가 제주를 '외인국' 취급하는 것 같다"고 하며 제

주 4·3 이래 최대의 인권 탄압이 이뤄지고 있다고 했다. 주민들은 이 폭력의 속성을 정확히 이해했다. 공권력은 해군 기지 반대 주민에게는 폭력을 행사하고, 찬성 주민에게는 물질적 지원을 하는 방식으로 갈라치기를 했다. 가령 이런 식이었다.

"서귀포 시장이 공사한 것처럼 해서 어촌계에 2800만 원을 지원해 주겠다고 제안했다."(당시 동장의 진술)

"활동비가 부족해 후원 식당을 했을 때 제주도청 및 서귀포 시청 공무원들에게 오라고 해서 후원금을 모금하기도 했다."(당시 해군 담당자의 진술)

"제주지검 관계자에게 불법행위 떼쓰기에 대해 엄격한 법 집행을 요구하겠다. 외부 개입 세력에 대해서는 찬성 쪽에서 문제를 제기하면 국가정보원과 경찰이 측면에서 지원하겠다."(국정원)

"반대 쪽 주장을 논리적으로 반박하기 쉬운 내용으로 신문 광고를 지속해서 해야 한다. 제주도에서 조그만 것이라도 고소·고발해 줘야 경찰도 조처가 가능하다. 인신 구속 등이 있어야 반대 수위가 낮아진다."(제주경찰청)

"(젊은층과 장년층의) 분열은 좋은 상황이다. 공세적

법 집행이 필요하다. 이제는 추진 단계이므로 걸림돌은 제거하고 가야 한다."(제주도 환경부지사)

2008년 9월 제주시의 어느 식당에서 열린 국정원과 해군, 경찰, 제주도 등의 유관 기관 대책회의에 참석한 사람들의 말이다. 이 기시감은 무엇일까? 70년 전 자유당 시절을 방불케 하는, 한국 정치사에서 민주주의를 왜곡했던 금권·관권 정치의 전형적 방식이 이 시대에 이곳에서 통용되고 있었다. 외세에 대항해 자국민을 지키고자 군사기지를 짓는다면서 왜 정작 정부는 국민을 상대로 전쟁을 벌이고 있는 것인가? 그럼 진짜 전장은 어디이며, 국가는 누굴 지키고 누구를 버리는가?

해군기지를 반대하는 싸움을 하며 주민 모두가 많이 다쳤고 나도 다쳤다. 구럼비 발파를 위해 제주 모처의 화약고에서 화약 반출을 한다고 알려진 날, 우리는 전날 새벽부터 화약고 정문 앞을 막고 있었다. 맨몸으로는 어림도 없었기에 우리의 팔과 팔을 PVC 파이프로 연결해서 버티는 비폭력 시위를 했다. 폭력을 쓰지 않고도 정부의 불법행위를 지연시키고 저지할 수 있는 방법으로 유럽 비폭력 활동가들이 몇 번 시도한 방법이었다. 우리는 며칠 버틸 것을 준비했는데 '며칠'씩이나 생각한 우리가 순진했다. 경찰은 '지체 없이' 팔이 들어간 PVC 파이프를 망치로 내리쳤다. 그 안에서 맞잡은 우리 손들이 피로 뜨끈하고 끈적해지는 게 느껴졌다. 내 손도 PVC 안에서 으스러지는 것 같아서 "이러다 다쳐요! 망치가 제 손을 치잖아요!!"라고 호소했지만 경찰은 아랑곳하지 않았다. 그렇게 간단히 진압된 주민과 활동가들이 뿔뿔이 흩어져 연행됐다. 연행되는 경찰차 안에서 폭력의 증거가 사라지기 전에 피에 물든 내 손을 촬영해 동료들에게 보냈는데, 나중에 유치장에서 나오니 그 사진이 인터넷 『한겨레』 메인 화면에 보도되어 있었다.

마침 그해가 제19대 총선이 있던 때여서, 막 당선된 의원이 '해군기지 전담 보좌진'을 선임하고자 했고 (나중에 들었지만) 제주 원로들의 추천으로 국회에 오게 됐다.

여성이고 나이도 어린 내가 국회에 들어오자마자 야당 입장에서, 더구나 다른 부처보다 훨씬 더 철옹성인 국방부를 상대해야 하는 일은 두렵고 고통스러웠다. 정부 부처 공무원들을 만나면 '쟨 뭐야?'라는 무시가 깔린 시선부터 견뎌야 했다. 배에 힘주고 목소리를 단단하게 내는 연습까지 할 정도였다. 야당에 자료를 전혀 제출하지 않는 국방부를 상대로 목소리를 높여야 하는 일도 많았다(당시 의원회관 신축 전이라 의원실들이 다닥다닥 붙어 있어서 앞방의 전화통화 소리까지 들리기 일쑤였는데, 내가 국방부와 통화할 때마다 앞방 보좌진은 '저분 또 싸우시네'라고 했다는 후일담을 나중에서야 들었다). 일주일에 사나흘은 간이 침대에서 생활했더니 잃은 건 척추 건강이고 얻은 건 '국회 귀신'이라는 별명이었다(실제 우리 의원이 내 자리에 이 별명을 명패로 붙여 주었고, 우리 방에 나를 만나러 온 정부 공무원들은 이 명패를 보고 모두 한결같이 고개를 절레절레 저었다).

내가 할 수 있는 건 자료를 뒤지는 게 전부였다. 해군기지 사업 계획·유관 기관 회의 문서·해군기지 설계도·시방서(공사에 필요한 재료의 종류와 사용처·시공 방법 등을 명확하게 기록한 문서)·감리 보고서·예산서·무기 체계, 심지어 미국 국회 속기록과 외교 전문 싱크탱크 전략국제문제연구소CSIS의 보고서까지 찾아봤다.

결론적으로 해군기지 입지에도 맞지 않는 제주도 강정마을에 억지로 기지를 건설하려고 절차적 정당성을 어겼다는 주민의 주장이 옳았음을 문서로 확인했다. 군사 기지에 대한 반발이 심하니 정부는 민간인이나 크루즈 선박도 드나들 수 있게 해서 지역에 경제적 이득이 될 수 있도록 하겠다고 했고, 그 결과 국무총리실 소속 '크루즈 선박 입출항 기술검증위원회'가 만들어졌다. 그런데 국무총리실로부터 회의록을 제출 받아 보니, 위원회의 위원 중 한 명이 "정부가 그 시뮬레이션을 하지 않고 바로 공사를 할 수 있는 그런 데이터를 우리보고 만들어 달라고 그러는데……"라고 말한 대목이 나왔다. 정부가 데이터 조작을 요구했음을 암시하는 내용이었다. 그 회의록은 신문 1면에 단독으로 보도되었고, 마침 제주 전역을 도보 순례하고 있던 주민이 그 신문 1면을 그대로 크게 인쇄해 행렬 선두에서 들고 걸었다.

다시 2013년 1월 1일 새벽 본회의장. 장하나 의원이 "제주 해군기지 건설이 포함되어 있는 2013년 예산안에 반대합니다"라고 포효하듯 반대 토론을 하고 내려왔지만 예산이 전액 반영되는 결과가 돌아왔다. 실패였다.

깊이 좌절했고 무력감에 시달렸다. 강정은 내게 땅의 귀속감을 감각적으로 경험하게 해 줬다. 메트로폴리탄의 시민은 어느 땅으로도 이동할 수 있으니 아무 데도 속하지 않는 양 땅을 잊고 산다. 각자 속한 땅을 가꾸고 지켜내야 할 의무와 책임은 방기되어 있다. 나에겐 연고도 지인도 없는 제주였지만 주민의 삶의 감각을 이해하려고 아예 제주에 살면서 얘기를 들었다. 서울에서 온 어린 학생을 경계하는 게 당연한 이들과 말이라도 섞으려고 제주어를 녹음해서 듣고 따라 했고 '브로큰 잉글리시'(엉터리 영어)가 아닌 '브로큰 제주어'로 대화했다. 찬 이슬을 맞으며 마을에서 불침번을 서던 어느 새벽, 곁에 있던 삼춘에게 물었다.

"삼춘은 구럼비가 어서지면 어떵할 것 같수과?"(구럼비가 없어지면 어떻게 하실 것 같으세요?)

"무사 경한 말을 고람시니?(왜 그런 말을 하니?) 기지가 들어오면 어떵할 꺼고 안 들어오면 어떵할 껀가?(기지가 들어오면 어떻게 할 거고 안 들어오면 어떻게 할 건가?) 여기서 사는 사람은 계속 살아야 하주게.(여기서 사는 사람은 계속 살아야 해)"

주권자가 경찰과 군대라는 폭력 수단을 독점하도록 국가에 권한을 위임해 준 이유는, 국가가 외세로부터 국민을 안전하게 보호하고 국가 내부에는 질서를 부여해 국민이 안녕한 삶을 살 수 있도록 보장하라는 뜻이다. 그런 국가의 권한이 오히려 주권자를 진압하는 수단으로 쓰인다면, 그리고 주민 동의 없이 살던 땅을 파괴하고 땅에 속한 사람들을 갈라낸다면, 그건 국가가 국민과 맺은 계약 위반 아닌가. 이때 민주주의는 땅을 지키고 땅을 매개로 살아가는 사

15 지극한 사랑을 위한 싸움

201

람들이 서로 버티며 국가 폭력에 대항하는 형상으로 만들어질 수밖에 없지 않을까.

나는 그렇게 주민·삼춘들과 구럼비에서 놀고, 먹고, 울고, 웃으며 민주주의를 오감으로 이해했다. 실패한 2012년은 지금까지 12년차 보좌관으로 살게 한 좌표가 됐다. 그리고 이 글은 그로부터 내가 얼마나 멀어졌는지를 점검하는 시험지다.

정치공동체가 져야 하는
법 이상의 책임

"보좌관님, 이게 뭔 일이래요. 당에서 자꾸 이런 일이 생겨서 어떡해요. 혹시 보좌진 대상 성폭력 다른 사례 알고 계시는 거 더 없으실까요?"

당에서 성폭력 사건이 연달아 터졌다. 여성 보좌진을 대상으로 일어난 사건임이 알려지자 기자들에게 쉴 새 없이 전화가 걸려 온다. 여성 보좌관이 워낙 소수이니 기자들의 비슷한 전화를 여러 번 받게 된다. 기자들은 겉으론 걱정하지만 속으로는 뭐 더 '건질 것'이 없는지 묻는 눈치다. "다른 사례 잘 알지 못하고요, 알아도 제가 지금 기자님한테는 말할 수 없어요"라고 답하고 전화를 끊는다.

실망감과 상실감에 무릎이 꺾이고 화가 치밀어 오른다. 실망은 가해자에 대한 것이고, 상실은 우리가 공유하는 가치에 대한 것이다. 좀 더 나은 정치를 위해 애쓰고 애쓰는 마음이 한순간에 와르르 무너진 것 같다. 습관적으로 해 왔던 '우리 당'이란 말이 새삼스럽다. '우리'는 누구고 '당'은 무엇인가. 책임 있는 자들이 뱉은 말과 살아 온 진짜 삶의 궤적은 얼마나 다른가.

내가 속한 공동체가 가장 절망스러웠던 것은 하나같이 젠더 폭력 때문이었다. 대학 다닐 때부터 정당 소속으로 있는 지금까지 번번이 그랬다. 평등한 동료라 믿었던 우리는 폭력과 그 폭력을 대하는 태도 앞에 무너졌다. 공동체를 사랑했던 만큼 낙담도 컸다. 왜 내가 사랑하는 곳마다 폐허였음을 확인해야 하는지…… 분노·원망·후회·한탄·상실이 밀물 썰물로 번갈아 오갔다.

정치철학과 비전을 함께하는 사람의 결사체인 정당에서 성폭력 사건이 발생하고 그 때문에 지지율이 추락하는 것을 보고 있으면, '뭐 하려고 우리가 그렇게 열심히 법 만들고 정책 만들었나' 싶은 생각이 든다. 우리는 유권자에게 선택받는 위치에 있으니 매일 실수하지 않고 잘하려고 고무줄 당기는 듯한 팽팽한 긴장감에 사는데, 가해자가 그 고

무릎을 한가운데서 끊어 버리면 나는 당겼던 힘만큼 밖으로 내동댕이쳐진 느낌이다.

이때 가장 쉬운 일은 무력감에 지쳐 끝내 방관하는 것이고, 가장 어려운 일은 그래도 여성 보좌관으로서 뭐라도 할 수 있는 일을 찾는 것이다. 전자는 개인적 감정에 따른 판단, 후자는 그래도 공동체 구성원으로서의 판단이다. 사건이 알려진 그 주 주말 내내 당헌·당규를 다시 읽었다. '가해자 엄단'이라는 결론에 '선거 앞두고 그렇게까지 징계할 필요 있었냐'는 익숙한 반발이 따라붙는 것을 보며 눈이 흐릿해지는 걸 다잡고 싶었다. 같은 공동체 구성원으로서 최소한의 합의 기준에 따라 우리가 틀리지 않았다는 확인이 필요했다(지극히 당연한 것도 지속적인 반발 앞에서는 자꾸 의심하게 된다). 그리고 이를 신뢰해 주는 몇몇 선배·동료 보좌관들과 당헌·당규에서 고쳐야 할 것, 개선해야 할 제도를 토론해 정리했다. 마음에 떠다니는 이런 말들을 속으로 삭이면서.

'우리는 그래도 이렇게 공동체 안에서 내 몫의 책임을 찾아 갑니다. 정작 피해자와 공동체에 해를 입히고 사과도 없는 당신은 본인의 안위만 챙기고 있는 것 아닙니까. 진짜 공동체의 윤리를 저버리는 것은 누구입니까.'

모두가 물었다. 더불어민주당 소속 자치단체장들의 성폭력 사건으로 당이 그렇게 고통을 겪었는데, 왜 이런 사건이 여전히 반복되느냐고. 당과 당 소속 국회의원들은 그동안 무수히 사과했다. 반성할 때 뼈를 하도 여러 번 깎아서 닳아 없어질 지경이다. 그럼에도 과거의 사건에서 왜 한 발짝도 나아가지 못하고 또 반복됐을까.

성폭력의 원인은 권력관계에 따른 구조적 차별에 있다. 위계 관계에서의 폭력이 상대와 상황에 따라 어느 때는 갑질로, 어느 때는 성폭력으로 드러난다. 이때의 '구조'는 권력을 가진 누구도 그 책임에서 자유롭지 않기 때문에 반성도 내 몫의 책임에 대한 반성이어야 한다는 뜻이다. 그래야 더 민주적인 공동체가 만들어지는 거지, 구조라는 말에 책임자들이 숨으라는 의미가 아니다. 이제껏 당 차원의 무수한 사과는 내 몫을 뺀 '구조'에 탓을 돌리는 방식이었던 것 같다. 사과는 무성했으나 책임은 앙상했다. 겉으론 비장했고 속으론 안온했다. 그러니 변화가 만들어질 리 없다.

국회 보좌진은 모두 별정직 공무원이고 국가공무원법상 별정직 공무원은 채용 조건·임용 절차·근무 상한 연령이 모두 하위 법령에 위임돼 있다. 그 말은 업무 내용, 근무 조건 등의 사항이 모두 철저하게 인사권자에게 귀속된다는 뜻이다. 근로기준법이 정한 노동 시간 규정이나 해고 사유 제한 등의 노동권도 모두 적용이 제외된다. '노동자 기본권을 지켜라'라는 상임위 질의서를 정작 나는 밤 12시에 쓸 때 적잖이 '현타'가 온다. 이런 이유로 보좌진의 '업무'는 법상·규율상 정해진 근거가 없고, 정치 지도자의 성향에 따라 업무 내용이 달라지며, 이 때문에 인수인계도 매뉴얼로 전승되기 어렵다. 그러니 정치 지도자가 행사하는 '위력' 범위는 커지고 보좌진의 방어권은 형해화할 수밖에 없다. 보좌진은 법을 만들지만 정작 보좌진의 지위는 사실상 치외법권 지대에 있다.

이 보좌진의 자리에 불안정 노동자 누구라도 갖다 놓으면 비슷한 처지가 된다. 2018년 국가인권위원회와 문화체육관광부가 공동운영했던 '문화예술계 성희롱·성폭력 특별조사단'의 운영 결과를 보면 여성 응답자 2478명 중 과반수(57.5퍼센트, 1429명)가 '성희롱·성폭력을 직접 경험한 적이 있다'고 했다. 단체·협회 등 문화예술계 종사자 응답자 3718명 중 고용 형태가 프리랜서인 경우가 70.6퍼센트(2624명)로 가장 많았다. 불안정 노동자는 그 자체로 성희롱·성폭력에 취약한 고위험군이라는 얘기다. 직무 특성상 노동의 불안정을 근본적으로 해결하기 어렵다면, 그런 고위험군일수록 노동자 방어권을 두세 겹으로 두텁게 보호해야 한다. 그래야 비대칭한 권력관계가 그나마 보정된다.

국회는 피감 기관과 기업을 상대로 성희롱 고충처리 실태, 여성임원 비율 확대 등 시정 요구는 잘하지만 정작 국회 자체는 내부를 정화할 한 겹의 보호 장치도 없었다. 적어도 2018년까지는 그랬다. 2018년 안희정 전 충남도지사 사건과 국회 미투 사건이 있은 뒤로 국회에서 무수한 토론회와 대책회의가 열렸다. 민주당에서는 젠더폭력신고상담센터를 설치했고, 주요 당직자를 대상으로 성인지 교육을 강화했다. 국회 내에는 인권 침해·차별, 성희롱·성폭력, 직장 내 괴롭힘 등의 상담과 조사 업무를 하는 국회인권센터가 2022년 1월 개소했다. 이것으로 충분한가? 아니다. 최소한의 형식 요건만 갖춘 정도다.

구조적 성폭력을 직시하며 해결하는 방법은 무엇이어야 할까. 사건의 시작은 가해자-피해자 양자 간의 문제에서 비롯되지만, 사건의 해결은 이제부터 공동체의 일이다. 「정부기관 등 성폭력 사건 매뉴얼」에 비춰 보면, 공동체의 구체적인 역할은 이러하다.

① 조사는 지체 없이 착수되고 정해진 기한 내에 마무리되도록 해야 한다.

② 성희롱·성폭력 여부의 판단과 이에 따른 징계 양정이 가해 행위에 상응하게 결론지어져야 한다.

③ 그 과정에서 발생하는 2차 피해를 예방해야 한다.

④ 궁극적으로 피해자에게 안전한 근무 환경이 조성되도록 일정 기간 모니터링 해야 한다.

우리는 어디쯤 와 있을까. ①, ②단계도 어렵게 될까 말까다. 당내에서 겪은 무수한 사건에서 사건 처리의 최종적 결과로 피해자가 일터로 복귀한 경우는 거의 없었다. 특히 2차 가해는 어쩌면 1차 가해보다 훨씬 더 심각하다. 사건이 보도됐을 때 "여자들 무서워서 여성 보좌관 못 쓰겠다"거나 "여기자들과 약속 다 취소했다"는 남성 의원·보좌관들의 비아냥과 조롱을 똑똑히 기억한다. 특히 평판이 중요한 정치 영역에서 2차 가해는 피해자를 공동체에서 고립시키고 노동권을 박탈한다.

성폭력 사건이 일어나면 조사에 착수하는 즉시 소속 구성원에게 2차 피해 예방 교육을 하고, 2차 피해를 인지하면 피해 확산 방지를 위해 해당인에게 당 차원의 경고 공문을 보내야 가해 행위가 특정되면서 시정될 동력이 생긴다. 또 지속적인 2차 피해가 발생할 경우, 1차 사건에 준해 직권 조사도 해야 한다. 그래야 당사자가 문제를 제기하기 전에 옆의 다른 사람이 쿡 찔러 자제시키는 분위기가 만들어진다. 그런 분위기가 몇 번 경험되면 공동체 문화가 바뀔 것이다. 피해자가 자력 구제 하지 않아도 되는 사회가 진보된 사회다. 2차 가해 행위의 엄단은 성폭력 사건에 대한 공동체적 해결의 바로미터가 될 것이다.

이제 좀 달라질 수 있으려면, 공동체 내 구조적 차별을 견고하게 만든 각자의 몫을 실행해야 한다. 나와 선배·동료 보좌관들은 피해자에게 무언의 용기가 되고 당이 민주적 공동체가 될 수 있도록 당 시스템 정비안을 만들었다. 또 후배 보좌진과 토론 자리를 만들어 보좌진 입장에서 가장 문턱 낮은 권리 구제 기관의 형태를 고민했다. 대안이 반영되고 일상의 당 문화로 정착될 때까지 우리는 지켜보고 관철시킬 것이다.

자, 그럼 당내에서 우리보다 더 많은 권력을 갖고 있는 정치 지도자들은? 100번의 텅 빈 사과보다 지금 할 수 있는 안을 내놓자. 그리고 이 위계적 구조를 바꿔 내고자 하는 사람들은 비참에 지지 않고, 무력에 지지 않고 앞으로 나아가

자. 모두가 공동체의 구성원으로서 피해자가 안전한 일상으로 돌아갈 수 있을 때까지, 서로가 서로에게 두 겹 세 겹의 안전망이 되자.

국회에 필요한
리터러시

인류는 '5장 6부'가 아닌 '5장 7부'로 하나의 인공 장기를 새로 장착해 살고 있다. 간 밑에 쓸개, 쓸개 밑에 스마트폰이 있다.● 예전에는 외출할 때 깜빡하고 휴대폰을 집에 놓고 나오는 일도 있었지만, 이제는 외출을 안 했으면 안 했지 휴대폰을 놓고 나오는 일은 없다. 어디 장기를 빼고 나오겠는가. 영국 경제 주간지 『이코노미스트』는 스마트폰 없이 살기 어려운 '포노 사피엔스'Phono Sapiens 시대가 됐다고 평가했다.

　온라인에서 '심심甚深한 사과' 논란이 한차례 휩쓸고 지나간 뒤, 청년 세대의 문해력이 이슈로 부상했다. 한 인터넷

● 최재붕, 『포노 사피엔스』(샘앤파커스, 2019)

서점 통계에 따르면 2022년 1~8월 교재류를 제외한 어휘력·문해력·글쓰기·맞춤법 관련 인문서는 116종 출간돼 전년 동기 대비 43.21퍼센트 늘었고, 이 흐름과 함께 교육부는 문해력 교육을 강화하고자 초등학교 국어 수업 시수를 34시간 늘린다는 내용을 확정·발표했다.

'심심한 사과'의 나비효과는 대륙 건너편까지 번지는 태풍이 될 수 있었음에도, 문자언어 중심의 문해력 교육 강화라는 내수용 열풍으로 축소되는 듯 보인다. 이는 한 시대에 통용되는 문해력 수준과 의미, 이를 규정하는 주체와 권력관계, 변화하는 문해력의 양태까지를 드러내는 간단치 않은 논쟁임에도 "요즘 애들은 말이야"로 귀결되고 있다.

시대에 따라 문해력은 다르게 규정되어 왔다. 고대에는 '문학에 조예가 있는 학식 있는 사람'으로, 중세시대에는 '라틴어를 읽을 수 있는 사람'으로, 종교개혁 이후에는 '모국어를 읽고 쓸 수 있는 능력을 가진 사람'으로 정의됐다.● 또 신의 말이 지배하는 세계에서 문자언어 세계로 이행한 것을 근대성의 핵심 성격으로 꼽기도 한다.

이렇게 새로운 세계로 이동하는 시대 전환기에는 말과 글의 비중과 쓰임새, 이로부터 파생되는 삶의 양식이 다 달라질 수밖에 없다. 같은 텍스트라 해도 종이책으로 읽을

● 윤준채, 「문해력의 개념과 국내외 연구 경향」(새국어생활 제19권 제2호, 2009)

때와 휴대전화로 웹소설을 읽을 때 텍스트를 읽는 순서와 속도, 눈의 움직임, 책장을 넘기는 행위가 달라진다. 미디어가 바뀐다는 건 미디어를 통해 세계를 만나는 감각과 방식, 의미를 구성하고 대하는 방식 전체가 바뀌는 것이다. 현재 포노 사피엔스는 인공 장기를 가진 새로운 신체와 함께 문해력의 의미를 급격하게 변화시키고 있다.

아직 한글을 모르는 3~4살 아이가 유튜브에서 음성으로 검색해 '콩순이'를 시청하고, 그 나이대 아이들이 자신만의 방송을 송출하는 시대다. '디지털 네이티브' 세대는 최초로 접하는 매체가 동영상이고 텍스트 학습은 그다음이다. '영상 문해력'이 먼저 발달하는 것이다. 세상이 '읽는 것'에서 '보는 것'으로 빠르게 변해 가니 이 아이들이 문자 앞에서 주춤하는 것이 당연하다. 디지털 네이티브 세대는 읽을 때도 텍스트 전체를 통독하는 것보다 필요한 부분만 검색해서 발췌독하고 그것으로 전체를 파악하고 아이디어를 내는 능력이 훨씬 탁월할 수 있다.

이런 맥락에서 문화연구자 엄기호와 응용언어학자 김성우는 세계를 '읽는' 세대는 '보는' 세대를 향해 문해력이 떨어진다고 비판하지만 이것이 과연 사실일까 묻는다. 오히려 문자·학력에 기반한 40~50대가 리터러시(문해력)

를 정의하는 권력을 가지면서 디지털 네이티브 세대의 사고방식을 이해하지 못한 탓이라고 보는 것이다. 지금의 40~50대는 텍스트 기반 고등교육 대중화의 수혜자로 문자언어 중심의 문해력이 핵심이라 보고 그 밖의 것은 하찮은 일·딴짓·공부를 방해하는 것으로 정의한다. 그런 의미에서 10~20대는 삶에서 늘 접하는 미디어가 동영상과 사회관계망서비스SNS상의 이미지임에도 이것과 동떨어진 방식으로 어른들에게 일방의 평가를 받는 처지다. 매뉴얼화된 읽기와 쓰기, 교육과정과 평가 체계가 작게는 시대에 맞는 문해력을 키우지 못하게 하고, 크게는 의견을 가진 시민으로서 개인, 개인으로서 시민의 형성을 방해한다.●

결과적으로 문해력은 위에서 아래로의 수직방향(↓)이 아닌 양방향(↔)적 태도의 문제다. '심심甚深한' 등의 한자 공부로 해법을 찾는 방식은 세대 간의 상이한 문화 자본과 문해력 형성 배경의 차이를 인정하지 않고, 익숙하고 오래된 교육의 반복으로 메우려는 것에 불과하다. 근본적으로 텍스트는 나와 타자를 이해하는 도구이기 때문에 문해력文解力 향상에서는 능력力의 과시가 아니라 이해解의 확장에 방점을 둬야 한다. 궁극적으로 이는 말과 글과 삶의 민주주의 문제이기 때문이다.

● 김성우·엄기호, 『유튜브는 책을 집어삼킬 것인가』(따비, 2020)

그런 의미에서 누가 문해력의 평가 방식을 정하는가, 그렇게 해서 나온 결과는 누가 활용하는가, 문해력은 사회적으로 어떤 차별과 기회를 만들어 내는가 등의 질문을 던지고, 이해력을 확장하고자 공공성에 기반한 문해력의 생태계를 어떻게 만들지 고민해야 한다. 10~20대의 말과 글과 사유의 방식, 기성세대의 말과 글과 사유의 방식을 서로 외국어 배우듯 익혀야 하고, 이로써 서로 이중언어자가 되려는 태도가 중요하다. 이제 막 인공 장기를 장착한 사람과 태어나면서부터 5장 7부를 갖춘 사람은 다른 종種에 가깝다고 보는 것이 합리적이지 않겠나. 시대 전환기에는 이질적인 종들이 한 사회에 사는 셈이므로 함께 잘 살려고 상대의 언어를 학습하는 태도가 공존과 공생에 유익하다. 외국인의 말을 이해하려고 귀를 쫑긋 세우고 상대의 표정을 살피며 몸짓까지 총동원해서 다가가는 것처럼. 그것이 우리 사회가 '심심한 사과' 논쟁을 통과하는 보다 나은 태도일 거라 생각했다.

'요즘 애들은······'과 같은 오랜 관용어 중에는 '국회는 에라이······' 같은 말도 있다. 술자리에 가면 어김없이 국회 대표선수가 되어 타박을 듣는다. 요즘 뉴스에 자주 나오는 의원의 평가부터 정당의 이슈 전략까지 술자리 안주로 잘

근잘근 씹힌다. 국회가 이렇게 동네북이 된 까닭은 시민의 '말귀'를 못 알아 듣기 때문이라고 생각한다. 그러므로 이 문해력 논쟁은 남의 얘기가 아니라 평소 나의 고민과 맞닿게 됐다. 국회야말로 양방향적인 문해력이 가장 필요한 기관이기 때문에.

국회는 말을 다루는 곳('민의'의 전당)이고 말의 전쟁터(정쟁政爭)다. 정치학자 박원호 교수는 "의회는 내전을 대체하는 제도다. 과거에 총칼로 싸우던 것을 이제 대표를 보내 말로 싸우는 제도가 의회다"라고 했다. 그러므로 정치에서의 권력투쟁은 사실상 마이크 획득을 위한 투쟁이다. 각 정당마다 월·수·금, 화·목요일에 원내대표단 회의와 최고위원회 회의가 있어서 지도부 각자에게 3~5분씩 말할 기회가 주어진다. 마이크를 쥔 의원의 말 한 마디 한 마디에 기자들의 찰칵찰칵 셔터 소리와 타닥타닥 노트북 타이핑 소리가 경쟁적으로 터졌다 사그라든다. 이런 풍경은 너무도 스펙타클 해서 현실에 있으면서도 마치 뉴스 보도 한 장면 안에 내가 들어와 있는 것 같다(물론 가끔 뒷배경으로 잡히기도 한다).

국민들에게 알리고 싶은 법이 있거나 이슈가 생겼거나 아니면 폭로하고 싶은 게 있을 때에는 아무 때나 국회 소통관(기자 회견장)으로 가면 된다. 기자 회견장은 보통 사전 예약을 하긴 하지만 그것도 급하면 현장에 가서 앞뒤 정해진 순서의 의원들에게 양해를 구하고 들어간다. 우리는 이를 '밀고 들어간다'고 표현한다. 의원의 발언 시작과 동시에 마이크가 켜지고 비디오카메라가 온에어 된다. 그 기자 회견 영상은 국회 홈페이지에 실시간으로 중계된다. 기자 회견장에는 상주하는 기자들이 있어서(국회 출입기자) 보도거리가 되는 사안이라면 그날 소통관에서 했던 기자 회견 꼭지가 당일 저녁 방송 3사·종합 편성 채널·보도 전문 채널에 뉴스로 나간다. 이것이 국회의원이 가지고 있는 말의 권능이다.

상임위원회장에서는 또 어떨까. 국회에서 정부에 자료 요구를 할 때 '의정 자료 전자 유통 시스템'이라는 내부 망을 통하도록 되어 있지만, 그런 공식 시스템으로 주지 않는 자료는 '말'로 요구하면 된다. 국회의원이 상임위에서 의사 진행 발언으로 "제가 A자료를 정부에 요구했는데, 아직도 제출하지 않고 있습니다. 위원장님께서는 ○○○부처에 A자료를 즉시 제출할 수 있도록 요구해 주십시오"라고 한마디 하면, 아주 민감한 자료가 아닌 이상 상임위원장은 출석해 있는 부처 장관에게 요구해서 그 자료를 제출하도록

'강제' 할 수 있다. 인사 청문회나 국정 감사처럼 정부 제출 자료가 절대적으로 중요한 때에는 이 '말로 하는' 자료 요구로 오전 반나절을 보내기도 한다. 그러니 연차가 좀 있는 선수 보좌진들은 아예 시스템으로 요구한 자료 중 제출되지 않은 목록을 따로 추려서 의원에게 "의사 진행 발언으로 이 말씀해 주셔야 합니다"라고 발언문을 써서 주기도 한다. 문자 그대로 말이 곧 법인 셈이다. 그러니 국회의원에게 말을 못하게 하는 것은 핵심 권능을 빼앗는 것이다. 실제로 1948년 제헌의회 때 국회의원 징계 중 하나는 10일간 말을 못하게 하는 것●이었으니, 그야말로 '말 다했다'.

국회의원의 말에 부여하는 권능은 국회의원 한 명 한 명이 시민을 대리하는 헌법기관이어서 부여된 것일테다.●● 시민이 자신의 말의 권한을 의원에게 위임했기 때문에 주어진 것이다. 그런데 마이크가 필요한 시민의 말은 보통 주어나 목적어가 없거나 기승전결이 갖춰지지 않은 말들이다. 당연히 그렇다. 기쁨에 겨워서 국회에 찾아오는 사람이 누가 있겠나. 혼자 감당하기 어려운 억울한 일을 겪었을 때 찾

● 「국회법」 제103조 징계의 방법은 좌와 같다.

1. 공개 회의에서 사과케 하는 것

2. 10일이내의 발언을 정지케 하는 것

3. 30일이내의 출석을 정지케 하는 것

4. 제명

[시행 1948년 10월 2일] [법률 제5호, 1948년 10월 2일, 제정]

●● 국회의원 한 명이 하나의 '기관'이라는 의미의 실례로, 의원실에서 집행한 예산에 대한 세금계산서를 뗄 때 사업자번호 대신 국회의원의 주민등록번호를 넣는다. 추상이 아닌 실재의 개념이다.

다 찾다 오는 곳이 국회이고 그럴 때의 말은 말이 아니다. 그냥 '외마디'일 뿐이다. 고통의 한가운데에 있을 때, 가장 가까운 사람에게조차 도대체 어디서부터 어디까지 얘기해야 할지 말을 하다 종종 길을 잃어 본 경험, 누구에게나 있을 것이다.

그런 '외마디'가 남에게 이해되는 '말'이 되기까지는 수많은 시간과 반복과 연습이 있어야 가능하다. 그런 날것의 말은 지역구에서 의정 보고서를 배포할 때나 명절 등에 시장에 갔을 때 주민들에게 들을 수 있다. 주어·술어·목적어 없이 '이거, 저거, 거시기 뭐냐, 그래 맞다, 그거!'로 점철된 말을 열심히 받아 적고 나서 정리하려면 주민의 얘기는 고사하고 내 글씨도 못 알아볼 때가 많다. 주어·술어·목적어 없이 건너뛰는 얘기를 따라잡느라 휘갈겨 쓴 탓이다.

그렇게 현장에 나가지 않고선 여의도에서는 날것의 말을 들을 기회가 좀처럼 생기지 않는다. 안타깝게도 국회에서 듣는 말은 대개 시간 축적의 결과로 만들어진 매끈한 말이다. 보통 사람들은 아무리 억울해도 국회를 이용할 수 있다는 생각 자체를 못 할 것이고, 그나마 선택지에 국회가 있는 사람들은 국회의 바쁜 생리를 알아 '용건만 간단히'를 체득한다. 그래서 국회에서 민원인을 만날 때마다 말의 내용뿐 아니라 자신의 고통에 기승전결을 부여하고자 연습했을 그 수많은 시간들을 생각하게 된다. 상대의 말을 이해하려고 바싹 다가앉아야 하는 건 국회 구성원들인데 오히려 주권자들이 국회의 리터러시를 연습하게 하다니, 나를 포함해 국회가 참으로 염치없다.

국회의 일은 지역·나이·성별·학력·계층이 전부 다른 이 다양한 사람의 '이거 저거 그거'의 말들을 알아듣고 그 말을 각 당의 지도부 회의장·기자 회견장·상임위원회장 마이크를 통해 전달해야 하는 것이다. 말이 되지 않는 말을 꿰는 일은 시민이 시간을 써서 연습할 것이 아니라 국회가 해야 할 일이다. 귀를 쫑긋 세우고 시민의 표정을 살피며 맞게 이해하고 있는지 놓친 것은 없는지, 말 속의 외마디는 없는지를 살펴야 한다. 리터러시 훈련이 가장 필요한 곳은 국회다. 능력의 과시가 아니라 이해의 확장이 가장 필요한 곳이 바로 이곳이기 때문이다.

여름옷과 멀미

"올해 국정 감사가 모두 끝났습니다. 위원님들 보좌진들 수고하셨습니다. 산회를 선포합니다. 땅땅땅."

10월 말 자정 가까워진 밤, 산회 선포 소리에 졸음으로 내려앉는 눈에 힘을 주고, 안도의 한숨을 쉬며 국회 상임위원회장 밖을 나온다. 입김이 서리고 뺨에 닿는 찬 공기가 낯설어 옷을 여민다. '또 이렇게 나도 모르는 새 가을이 갔구나'.

국회에는 가을이 없다. 의원실 보좌진에게는 계절이 봄·여름·국감·겨울로 흐른다. 국정 감사(국감)가 매년 9~10월 사이에 열리기 때문이다. 흔히들 국정 감사를 '국회의 꽃'이라 하는데 정부가 1년간 시행했던 정책을 감사하는 일이니만큼 봐야 할 자료의 양과 만들어야 할 질의서의 양이 압도적이다. 정부에 하는 자료 요구는 3~5년치는 기본, 정책을 대대적으로 뜯어고쳐야 할 때에는 10년치 자료를 요구하는 경우도 종종 있다. 그러니 '집에 일주일 못 들어갔네' '며칠을 밤 샜네' 하는 다크서클 무릎까지 내려온 자들의 곡소리가 곳곳에서 터져 나온다. 나도 매년 가을엔 며칠 동안 5분도 못 자고 집에서 옷만 갈아입고 다시 출근해 또다시 컴퓨터 앞에 앉기를 수년간 해 왔다.

국정 감사가 끝나면 꼭 하는 두 가지 루틴이 있다. 하나는 늦가을 빛이 드리워진 공원에 가서 눅진한 낙엽 향을 맡는 일, 다른 하나는 방과 거실에 널브러져 있던 여름옷을 뒤늦게 세탁해 옷장에 넣어 두는 일. 두 가지 모두 잃어버린 계절과 시간의 감각을 다시 회복하는 일이다. 국정 감사가 끝난 직후에는 늘 며칠을 앓곤 하는데 풀지 못한 과로가 한꺼번에 터져 나온 것이겠지만, 완전히 뒤틀려 버린 시간감을 몸이 다시 맞추려는 과정일 것도 같다.

나는 주변에 우리 정치가 이 모양인 건 국회가 너무 놀아서가 아니라 오히려 너무 바빠서라고 얘기하곤 한다. 너무 바쁘니 선례에 구속되고 경로에 의존하게 된다. 국회는 돌발 노동이 '디폴트'인 곳이다. 보좌관 너댓 명이 식사 약속을 잡으면 그 안에 두세 명은 갑자기 인터뷰가 잡히거나 정부 부처 공무원이나 민원인이 방문해 오고, 전화나 회의가 예상보다 길어져서 꼭 뒤늦게 헐레벌떡 뛰어 들어온다. 나도 갑자기 생긴 일 때문에 모임에서 미리 시켜 놓은 다 식은 밥을 먹는 일이 다반사였다.

국회는 법을 창작하는 곳이고 행정부는 창작된 법을 집행하는 곳이고 사법부는 해석하는 곳이다. 그래서 나는 후배들에게 농담 반쯤 섞어서 우리 직업은 요즘 유행하는 '크리에이티브 디렉터'라고 하곤 한다. 그런데 정작 창작하는 곳인 국회는 너무나 바쁜 나머지 새로운 생각과 시도가 들어설 자리가 없다.

문제는 세상과 시민은 너무나 빨리 변하고 앞서간다는 사실이다. 언젠가부터 식사 자리나 술자리에서 동료 선후배 보좌진을 만나면 울분에 찬 채 '우리 이렇게 해도 되는 거예요?' '우리 지금 제대로 가고 있는 거 맞니?'라는 1990년대 청춘영화 속 '술 취한 대학 새내기 3'같은 소리를 해 댔다. '서울시 영등포구 의사당대로 1번지'에서 조금만 벗어

나면 소위 '여의도 문법'은 통하지 않는다. 국회가 시민의 변화와는 무관하게 얼마나 내력으로 응축되어 있었는지, 얼마나 '보통 사람'의 '보통 마음'과 멀어져 있었는지도 깨닫게 됐다.

그런 일이 반복되니 이제 알았다. 아, 시대의 변화는 이렇게 온몸으로 느껴지는데 그 속도만큼 국회가 변화하지 않으니 이렇게 내가 멀미가 났구나. 계절이 바뀌었으면 옷을 갈아입어야 하는데, 늦가을 나는 아직 여름옷을 걸친 채 추워도 왜 추운지 몰랐구나. 그때부터 내가, 우리가 만드는 법이 세상에 이로움을 가져다주는 건 맞는가 싶어 이 글을 쓰기 시작했다. 변화를 선도하지는 못할망정 변화에 발맞춰는 가야 하지 않겠느냐는 심정으로.

쓴다는 것은 움직이는 것이다. 나는 쓰면서 움직였다. 이 글들이 과거를 정리하기보다 내가 (그것이 무엇이든) 다른 세계로 이행하는 좌표가 되길 바랐다. 그래서 법을 만들 당시에는 몰랐던 새로운 사실 관계·데이터·이해 관계자들의 생각에 대해 다시 확인하고 점검했다. 마지막 문단의 마침표를 찍을 때의 나는 첫 문단을 시작할 때의 나와 다른 존재가 되었다.

특히 글감을 고민하는 과정 자체가 내가 겪은 일을 복기하고, 상대화하고, 영화 『에브리씽 에브리웨어 올 앳 원스』 주인공의 가운데 눈처럼 관찰자 시점 하나를 얻는 일이었다. 같은 사안을 이렇게도, 저렇게도 봐야 하는 내 직업에서 필수적인 일이었으니 글을 통해 정치를 다시 배우게 된 셈이다. 그리고 글은 곧 다짐으로 연결되었다. 복기하고 상대화하고 다짐하고. 이것 자체가 완벽한 정치의 과정 아니겠는가.

그래서 이 글은 발 딛고 선 세계를 대하는 첫 마음을 다시 상기시켜 주었고, 글을 쓰는 과정 자체가 더없이 소중했다. 주변에선 일하는 것도 지치는데 어떻게 글을 쓰냐고 했지만 오히려 이 과정으로 인해 나는 내 직업을 더욱 사랑하게 되었다. '덕업일치'가 따로 없었다.

분명히 예견되는 실패에도, 선의를 배반하는 무참에도, 몸을 갈아 넣는 과로에도 버틸 수 있었던 것은 세상의 변화를 위해 시작부터 끝까지 꿈꾸기를 멈추지 않았기 때문이었던 것 같다. 우리는 만들고 싶은 세상을 법을 통해 구현해 내는 사람들이니 눈과 귀를 활짝 열고 당장이라도 뛰어나갈 수 있도록 몸은 15도쯤 앞으로 기울인 채, 체온은

36.5도씨보다 조금 높혀 열감을 띠고 세상을 대하는 태도가 이 일에 필요한 덕목이라 믿는다. 그러니 이 직무의 시한은 내 의지가 결정하는 것이 아니라 형형한 눈빛이 사라지는 바로 그 순간이 될 것이라 생각했다. 그 생각은 아직도 유효하다. 달라질 세상을 위해 창작하고 꿈꾸기를 멈추지 않는 것, 그것이 내 직업의 본질 같다.

이 책은 『한겨레21』의 '법 만드는 법' 코너에 실렸던 글을 다시 쓴 것이다. 황예랑 편집장님, 구둘래 기자님과 함께 3주에 한 번 돌아오는 전쟁 같은 마감을 1년 반 동안 치러 냈다. 무탈하게 마무리할 수 있었던 것은 두 분의 배려와 치열함 덕분이었다. 책을 쓰면서는 유유출판사 사공영 편집자님의 혜안과 통찰에 많이 기댔다. 오래 함께 걸으며 책과 사는 얘기를 나누고 싶다.

터프한 다정함을 갖춘 친구들 덕분에 인생의 어려운 한 시기를 견뎠다. 하쿠, 한나, 무명 그리고 지경. 니들이 내 사회적 안전망이라고 늘 질척댄 나를, 매일 서로 놀려 대면서도 결국 사람으로 살게 해 주어 고맙다. 정치에 절망해도 다시 사랑하기를 멈추지 않고, 오롯한 길을 걷고 계신 조선

옥, 서선미, 양혜진 전·현직 보좌관님께 깊은 존경의 인사를 드린다. 김은실 선생님 밑에서 한글을 처음 배우는 것 같은 마음으로 질문의 언어를 다시 배웠다. 질문이 곧 업인 국회에서 막힐 때마다 '선생님이라면 어떻게 생각하셨을까'를 나침반 삼아 더듬어 나아갔다. 다리가 휘청여도 꿋꿋하게 무게중심을 잡을 수 있었던 것은 의심없는 단단한 믿음을 보내 주었던 부모님 덕이다. 의원 보좌관으로 지내느라 부모님 보좌하는 일이 늘 뒤로 밀렸다. 법과 함께했던 희노애락의 시간을 부모님과 함께 더 보내야겠다 다짐한다.

이 책을 마무리하며 좀 앓았다. 정치와 삶에 대한 시간감이든 속도감이든 아니면 방향감이든 그 무엇에 몸이 맞추려는 신호라 생각한다. 거실 테이블에 항상 두고 낡고 닳도록 읽는 허수경 시인의 시집에서 "환후와 치병은 각각 따로"라 하였으니, 병의 원인은 무엇인지 몰라도 이 책으로 인해 독자들에게 국회가 더 쓸모 있는 곳으로 여겨질 수만 있다면, 그것으로 더할 나위 없는 치병이 되겠다.

법 짓는 마음
: 당신을 지킬 권리의 언어를 만듭니다

2023년 9월 14일　　초판 1쇄 발행

지은이
이보라

| **펴낸이** | **펴낸곳** | **등록** | |
| 조성웅 | 도서출판 유유 | 제406-2010-000032호 (2010년 4월 2일) | |

주소
경기도 파주시 돌곶이길 180-38, 2층 (우편번호 10881)

| **전화** | **팩스** | **홈페이지** | **전자우편** |
| 031-946-6869 | 0303-3444-4645 | uupress.co.kr | uupress@gmail.com |

| | **페이스북** | **트위터** | **인스타그램** |
| | facebook.com /uupress | twitter.com /uu_press | instagram.com /uupress |

| **편집** | **디자인** | **조판** | **마케팅** |
| 사공영, 김정희 | 이기준 | 정은정 | 전민영 |

| **제작** | **인쇄** | **제책** | **물류** |
| 제이오 | (주)민언프린텍 | 다온바인텍 | 책과일터 |

ISBN 979-11-6770-069-8 03300